Vivre la relation avec son bébé

Allaiter, dormir, porter

La *Chronique Sociale* est à la fois un organisme de formation et de recherche et une maison d'édition. Fondée à Lyon en 1892, elle s'est préoccupée, dès ses origines, de sensibiliser aux évolutions de la société et de suggérer une organisation de la vie collective plus solidaire et plus respectueuse des personnes.

Actuellement, les ***Éditions de la Chronique Sociale*** publient des ouvrages et des jeux pédagogiques qui contribuent à mettre en œuvre ces orientations. Issus de pratiques professionnelles et sociales, ils sont au service de tous ceux qui s'efforcent de mieux comprendre le monde.

Chacun pourra s'approprier ces outils et les utiliser, tant pour son développement personnel que pour une action collective efficace.

Du même auteur :

- *Au sein du monde*, L'Harmattan, 2001.
- *Dormir avec son bébé*, L'Harmattan, 2002.
- *Allaitement maternel et proximité mère-bébé*, Érès, 2003.
- Direction de Spirale, n° 27, Érès, 2003.

Couverture : 3M 2A
Responsable des Éditions : André Soutrenon
Corrections : Gérard Briotet
Composition et Impression : Dumas-Titoulet Imprimeurs
42100 Saint-Étienne

Chronique Sociale, Lyon,
Dépôt légal : Mai 2005 – Imprimeur n° 42265
Imprimé en France

Nathalie Roques

Vivre la relation avec son bébé

Allaiter, dormir, porter

Comprendre
les personnes

l'essentiel

Chronique Sociale
7, rue du Plat - 69002 Lyon
Tél. : 04 78 37 22 12

Vivre la relation avec son bébé

Allaiter, dormir, porter

Introduction

Vous vous préparez à donner naissance à votre enfant et comme de très nombreuses mères, vous essayez d'imaginer ce que seront les premiers jours. Des questions sur l'art et la manière de s'occuper d'un tout petit bébé vous préoccupent. Si c'est votre premier bébé, elles restent encore vagues ; si vous avez déjà des enfants, elles s'appuient sur vos expériences précédentes. Vous savez déjà que donner le sein est sans nul doute ce qu'il y a de mieux pour le bébé, qu'il sera protégé de nombreuses maladies ; vous anticipez sans peine les moments de tendresse qui en feront aussi le charme. Mais parfois des sentiments plus ambivalents vous habitent : que deviendra votre vie de femme ? Comment faire quand on a déjà une vie professionnelle bien remplie, des amis que l'on aime rencontrer le soir autour d'un verre ou d'un film ? Quelle place restera à votre compagnon, à vos autres enfants, si vous vous consacrez au bébé ? Comment donner le meilleur à son nouveau-né peut-il se concevoir à notre époque où les femmes articulent parfois, non sans difficultés, vie familiale, vie professionnelle, vie sociale et vie personnelle ?

Pourtant, c'est possible, et c'est sans doute beaucoup plus facile qu'on ne le pense. En fait, il suffit le plus souvent de faire sauter quelques barrières, d'un peu d'**imagination** et surtout de **confiance en soi**. Avec quelques conseils qui vous sont proposés ici, vous verrez que ce projet peut devenir réalité. La clé indispensable pour y parvenir est tout simplement la **proximité mère-bébé**. Elle se traduit concrètement par l'allaitement maternel, le sommeil partagé et le portage : un chapitre est consacré à chacun de ces thèmes.

L'allaitement d'abord, qui semble revenir à la mode, mais dont la réussite doit encore beaucoup à la chance. Pour en favoriser le déroulement, je vous propose de limiter les mises à distance inutiles, et entre autres de faciliter la proximité nocturne entre mère et bébé.

Dormir auprès de son bébé devient alors la réponse à de nombreuses questions : comment poursuivre l'allaitement quand vous reprenez le travail ? Comment faciliter en même temps le sommeil de toute la famille ?

Dans la journée, avec le bébé, concilier tétées et câlins avec les courses, les sorties, le ménage, deviendra très facile une fois un dispositif de portage adapté choisi. Simple à installer et à utiliser, permettant d'allaiter simplement et discrètement, il deviendra vite votre compagnon obligé.

L'intimité de la relation mère-bébé ne doit pas faire oublier qu'elle s'inscrit dans une famille, une société. Notre entourage a énormément d'influence sur nos actions et nos sentiments, y compris en ce qui concerne la façon d'élever un enfant. C'est pourquoi le quatrième chapitre vous donne des pistes pour mieux gérer vos relations familiales, amicales et vos contacts avec les professionnels que vous serez amenée à rencontrer.

S'occuper de son bébé en favorisant la proximité corporelle n'est pas une mode réservée à une élite informée bénéficiant de toutes les aides possibles offertes par notre société moderne. C'est bien ainsi que les bébés ont été élevés durant des siècles, et c'est encore ainsi que de nombreux enfants vivent dans le monde, avec des mères qui doivent également assurer de nombreuses activités quotidiennes. Il s'agit donc plus ici de **redécouvrir un mode de vie** des plus banals, que d'inventer une alternative.

Ce livre a été écrit dans le but de permettre à toutes les mères qui le souhaitent de materner avec tendresse, amour et plaisir ce nouveau bébé, tout en répondant à des questions très pratiques qui sont le lot quotidien des femmes modernes aujourd'hui. Grâce aux témoignages de mes amies et des mères rencontrées depuis 15 ans, mais aussi à mon expérience personnelle, vous verrez que materner son bébé au quotidien au XXIe siècle est possible. Pour la plus grande joie de tous.

Allaiter son bébé

Chapitre I

Il n'y a sans doute pas de figure plus douce que l'image d'une mère qui allaite tendrement son bébé. De très nombreuses femmes souhaitent connaître ce bonheur, et s'abandonner aux délices de l'allaitement. Mais chez nous, ce tableau est très souvent terni par des difficultés, des allaitements trop vite et trop brutalement interrompus, un entourage indifférent, un environnement parfois même hostile. Que de déceptions, que de tristesse alors, à la place de la sérénité tant désirée. Nous avons parfois un long chemin à faire pour **retrouver le bonheur simple d'allaiter**. Heureusement, vous serez aidée par un bébé le plus souvent très compétent, qui saura vous indiquer la meilleure route à suivre. Avec quelques informations en plus, votre allaitement aura alors toutes les chances de ressembler à ces tableaux de la Renaissance où mère et enfant semblent partager des moments inoubliables.

Mes expériences d'allaitement

expérience

J'ai allaité tous mes enfants. Les deux aînés, Thomas et Clément, ont véritablement « essuyé les plâtres ». Je ne m'étais absolument pas informée sur cette question, je

n'avais même pas imaginé qu'il existe des groupes d'entraide à l'allaitement. En fait, je m'étais contentée d'acheter le fameux guide de Laurence Pernoud, et j'étais à mille lieux d'imaginer qu'il y avait des façons différentes d'élever ses enfants. Puis j'ai eu de la chance. Mes allaitements ont bien débuté, dans le cadre très classique de maternités peu au courant des pratiques à encourager pour favoriser l'allaitement. De retour à la maison, j'ai toujours essayé de respecter l'intervalle de deux heures et demie entre deux tétées qui était préconisé. À trois mois, mes deux bébés avaient environ six tétées par 24 heures, je pensais que c'était tout à fait suffisant, et qu'il fallait que le nombre de tétées diminue au fil des semaines. À quatre mois, sans que je le souhaite réellement, l'allaitement cessait : les biberons, introduits à deux mois et demi en prévision de ma reprise du travail, avaient progressivement remplacé les tétées. Pour Mathilde, mon troisième enfant, j'étais en congé parental, je n'avais donc pas à me séparer de mon bébé. Mais j'avais toujours en tête ce modèle d'allaitement avec des tétées espacées et volumineuses. Vers 3-4 mois, j'ai eu l'impression de manquer de lait : mon bébé pleurait beaucoup le soir, j'avais la sensation d'avoir les seins vides. J'ai essayé les tisanes, pris du Galactogyl, ... et suivi les conseils de La Leche League[1], en remettant mon bébé au sein plus souvent. Quand j'ai commencé à lui proposer des solides, j'ai également diminué les tétées car dans mon esprit, l'alimentation solide devait remplacer progressivement le lait maternel. Ma fille a tété un an : elle aussi a fini par se détourner du sein, et préférer ses biberons de yaourt liquide. Pour Maxime, je commençais à m'intéresser réellement à la question de l'allaitement : j'avais déjà rencontré des groupes d'entraide, je faisais partie de l'association Galactée, à Lyon. J'ai donc pratiquement éliminé le biberon de mon environnement. Maxime était un enfant facile, qui a réclamé une tétée pendant la nuit jusqu'à 18 mois, et qui se rendormait à chaque fois très rapidement dans son petit lit. À deux ans, j'ai entamé la phase finale de son sevrage : j'avais l'impression que c'était déjà beaucoup, et qu'il était temps ; le regard de mon entourage commençait également à peser sur cet allaitement long « hors norme ». Pour Camille, Marin et Romane j'ai changé encore mon point de vue : les tétées étaient nombreuses, irrégulières, mes bébés dormaient avec moi, pour notre plus grand plaisir, et le sevrage à chaque fois fut initié par la naissance d'un nouveau bébé. J'ai véritablement découvert l'allaitement « relationnel », avec des tétées câlins données pour un rien, et qui bien sûr ont dopé la production de lait (je n'ai plus jamais eu l'impression de manquer de lait).

Une situation peu brillante

Pour mieux appréhender les questions que les mères se posent au sujet de l'allaitement de leur bébé, nous devons replacer notre situation dans un contexte international. Si on se limite à l'étude des statistiques habituellement publiées dans la littérature scientifique médicale, une grande disparité semble de mise. Les différents taux d'allaitement à la naissance, qui dans

1. Association de soutien de mères à mères. Coordonnées à la fin du livre.

certaines localités où certains groupes sociaux peuvent approcher les 0 %, peuvent être ailleurs proches de 100 %. Statut socio-économique, niveau d'éducation, origine ethnique, âge de la mère, disponibilité d'un soutien pratique communautaire, formation ou non des professionnels de santé, sont quelques uns des facteurs qui interviennent aussi bien pour l'initiation que pour le maintien de l'allaitement. Mais cette disparité masque en fait une uniformité qu'on finit par oublier : l'alimentation des bébés au biberon est devenue en Occident et en moins d'un siècle une norme indiscutée. Les nouveau-nés qui prennent le biberon dès la naissance n'étonnent plus personne alors que les mères qui donnent le sein après 3 ou 6 mois (cela dépend un peu de l'environnement de la mère) doivent souvent le faire discrètement. Tous les taux d'allaitement de nourrissons de 12 mois sont inférieurs à 50 %, aussi bien en France, en Belgique, au Québec et en Suisse, qu'en Suède pourtant modèle en la matière.

C'est important d'en prendre conscience, car c'est ce qui explique la difficulté qu'éprouvent les mères chez nous pour allaiter : très peu de modèles, donc peu de possibilités d'apprentissage naturel, donc bien peu de chances de réussir son allaitement. Car si allaiter est naturel, cela ne veut pas dire qu'aucun apprentissage n'est nécessaire.

témoignage

Virginia souhaitait allaiter son troisième bébé. Elle n'avait pas allaité les deux premiers, et voulait se lancer dans l'aventure pour cet enfant qui devait être le dernier. Pour se donner toutes les chances de réussir, elle était venue assister à la réunion d'information que j'animais dans un service PMI[2] ; elle avait bien noté quelques éléments de base. Malheureusement tout s'est très mal passé durant le séjour à la maternité : des seins douloureux à cause d'un engorgement marqué, un bébé qui tétait peu et pas très bien, des compléments très vite donnés. De retour chez elle, la souffrance n'a fait qu'augmenter, avec sans doute des crevasses importantes. Je lui ai proposé mon aide, je lui ai donné les coordonnées d'une consultante en lactation, mais c'était déjà trop tard pour Virginia qui ne voulait plus continuer. Que reste-t-il de ces souvenirs ? Une grande frustration. Et finalement, un regret, celui d'avoir essayé d'allaiter, alors que le biberon a résolu tous ses problèmes, et qu'il aurait été bien plus simple de le donner dès la naissance.

D'où viennent ces échecs si nombreux ? Pourquoi si peu de lait et tant de douleur ? C'est en fait notre **conception globale de l'allaitement** qui est **à revoir**, plus que des éléments techniques à connaître. Nous avons des difficultés à comprendre son rôle, son mécanisme global, et finalement la façon de le mener à bien. Nous maîtrisons par ailleurs fort bien l'alimentation au

2. Protection maternelle et infantile, service de santé sous la responsabilité du Conseil général de chaque département.

biberon. Tellement bien que celle-ci est devenue, en très peu de temps, une référence pour l'alimentation du bébé, et que nos allaitements sont souvent calqués sur la façon de donner un biberon.

Deux erreurs sont donc commises :
- limiter l'allaitement à sa seule fonction alimentaire ;
- et vouloir à tout prix que nos bébés tètent comme ils prennent un biberon, c'est-à-dire en prenant de grandes quantités de lait en très peu de fois.

Pour chercher des modèles, nous sommes obligées d'observer les femmes qui allaitent dans d'autres contrées où cela ne semble pas leur poser de problème.

1. Allaiter : ce qui marche, ce qui ne marche pas

Deux façons de considérer l'allaitement

Chez les Bembas d'Afrique, le sein n'est pas considéré comme un pourvoyeur de nourriture mais comme un **consolateur**. Le bébé reçoit très tôt des plantes de la brousse qui sont censées le nourrir. Ces bébés sont allaités très fréquemment, à la moindre manifestation d'inconfort (plusieurs dizaines de fois par jour), ce qui leur permet entre autres de devenir très vite des bambins dodus. De nombreuses sociétés voient dans l'allaitement d'abord une façon de s'occuper du bébé et de répondre à son grand **besoin de proximité** et de **sécurité**. Et en second lieu seulement, donner le sein sera un moyen d'alimenter le bébé. Pourtant, comme chez les Bembas, les bébés de ces pays grossissent très bien, et presque exclusivement grâce au sein de leur mère la première année, tout simplement parce qu'ils tètent très souvent. Ainsi, les bébés Kung d'Afrique australe tètent en moyenne tous les quarts d'heure. En Afrique, en Asie, en Amérique du Sud, au Moyen-Orient, chez les Eskimos, les bébés tètent bien plus de 12 fois par jour. Le plus souvent, les mères n'ont aucune idée précise du nombre de tétées qu'elles donnent. Pas de montre, pas de calcul inutile, pas de stress. Et du lait à volonté ! Mais dans ces cas, les tétées sont courtes, quelques minutes en général. Ou en pointillé : le bébé tète, lâche le sein dix minutes, retète quelques secondes… Quand la mère est disponible, elle laisse son bébé faire.

Chez nous au contraire, il est courant de ne retenir de l'allaitement que sa fonction alimentaire. De nombreux professionnels conseilleront aux mères de bien reconnaître la tétée « efficace » (c'est-à-dire la tétée qui produit en peu de temps beaucoup de lait) des autres souvent traitées de tétouillage, mordillement ou autre vocable peu amène. Je me souviens ainsi d'une amie, à qui je demandais si son petit garçon de deux ans et demi tétait encore. *« Oh, non, on ne peut pas vraiment dire qu'il tète : je ne pense pas avoir encore de lait !* » Une tétée sans lait ne serait pas une vraie tétée. C'est que l'alimentation au biberon a totalement changé nos repères, et que le substitut est devenu par un curieux effet de contraction et de simplification le modèle de l'original. Autrement dit, on se représente l'allaitement comme l'alimentation au biberon, avec des « bols alimentaires » volumineux et peu fréquents : 8 tétées par 24 heures, au début (et encore, pas toujours), puis chaque mois une tétée de moins, jusqu'à obtenir le rythme idéal de 4 tétées par jour à 4 mois. La nature suivrait ainsi la pente régulière d'une droite linéaire parfaite. À partir du troisième mois, le bébé est censé ne plus téter la nuit. De toutes façons, bien souvent il ne tète plus du tout, l'allaitement n'étant déjà plus qu'un souvenir. Les tétées sont également longues, souvent plus de 20 minutes, parfois plus d'une demi-heure.

expérience

Je me souviens de ces kilomètres arpentés avec Thomas dans les bras, en attendant l'heure de la tétée. Mon premier bébé a malheureusement été victime de ***règles rigides*** *totalement ineptes, mais comment croire que les médecins ne sachent rien sur l'allaitement ? Comme je l'ai déjà mentionné, ces doctes personnages m'avaient conseillé d'attendre au moins deux heures trente entre chaque tétée. Alors bien sûr, je trichais un peu : quand Thomas semblait vouloir le sein un quart d'heure après la tétée, je considérais que c'était encore et toujours la même tétée. Il allait de soi, pour moi, que les deux heures trente se comptaient du début d'une tétée au début de la suivante (et non de la fin d'une tétée au début de la suivante). Mais je m'efforçais d'avoir la plus basse fréquence des tétées possible. Et il me semblait que c'était une victoire que d'avoir une diminution du nombre des tétées : je pensais réellement que nous étions sur la bonne voie. Comment deviner que c'était une impasse ?*

Nous avons ici *deux cultures différentes*. La culture non-occidentale d'une part telle qu'elle se rencontre souvent en Afrique ou en Asie, ou dans nos banlieues et la culture occidentale d'autre part, qui s'opposent fortement en ce qui concerne la relation mère-bébé et la vision même de ce qu'est l'allaitement. Pour la première, en général, l'allaitement ne pose aucun problème, le « manque de lait » est pratiquement inconnu, les bébés poussent comme des champignons, y compris dans des conditions économiques ou sociales difficiles[3]. Dans la deuxième, la nôtre, les tétées sont le plus espacées possible, et de très nombreux bébés allaités doivent rapidement recevoir des compléments. Curieusement, c'est dans les pays riches et saturés

3. L'allaitement au sein reste toujours le meilleur choix dans les situations dramatiques que peuvent connaître des populations coincées entre factions rivales ou martyrisées par des catastrophes naturelles. Quel que soit le stress de la mère, le sein reste toujours un meilleur allié pour elle et son bébé qu'un éventuel biberon donné dans des conditions hygiéniques défavorables, avec un approvisionnement en lait industriel aléatoire. Pour cette raison, il n'est pas souhaitable de donner des préparations pour nourrissons ni de biberons lors de campagnes humanitaires.

de nourritures diverses et variées que les femmes semblent avoir le plus de difficultés à nourrir leur bébé au sein.

Je vous propose de nous servir d'exemples positifs, et de retenir les leçons de nos échecs. Oublions la glande mammaire, le lait, les schémas anatomiques et les coupes transversales, les taux de prolactine. Et changeons de point de vue.

L'allaitement est avant tout une façon de s'occuper de son bébé

Autre vision, autre conclusion pratique. Considérons l'allaitement avant tout comme un mode de relation entre un bébé et sa mère. Et si l'allaitement était avant tout une façon pour le bébé de s'attacher à sa mère ? Ou encore le meilleur moyen pour lui d'être rassuré et réconforté ? Et si c'était pour la mère la façon la plus simple de dire *« je suis là, et je t'aime »* à son bébé ? Et également le meilleur moyen d'être assurée de bien s'occuper de son nourrisson et d'être une mère compétente ? Donc l'allaitement serait la réponse à de nombreux besoins, tant chez l'enfant que chez sa mère. Mais cela gêne certains professionnels de la santé ou de la petite enfance que d'accorder à l'allaitement un autre statut que celui de pourvoyeur d'aliment. Si c'est toute la **relation mère-bébé** qui est engagée dans l'allaitement, alors le biberon n'est-il pas trop fortement remis en question ? Des arguments défensifs sont proposés pour diminuer le rôle affectif de l'allaitement, et ainsi son importance pour la mère et son enfant. L'idée qu'une mère qui donne le biberon se prive de tout un champ de la relation avec son enfant n'est pas acceptable par tous. Bien sûr, une mère qui donne un biberon peut le faire en déployant au maximum sa capacité d'attachement. Mais c'est tellement plus simple et naturel avec l'allaitement.

L'allaitement côté bébé

Il y a peu de temps, on lisait dans la presse que des études scientifiques avaient démontré l'effet apaisant sur la douleur de l'enfant d'une sucette et d'un peu d'eau sucrée. Rajoutez la présence de la mère et vous avez réinventé la tétée au sein (le lait maternel a un goût très sucré). Une équipe française vient d'ailleurs de prouver que la tétée au sein diminuait les manifestations de douleur de nouveau-nés durant certains soins. Que ce soit pour endormir un bébé, pour réconforter un enfant malheureux ou apeuré, pour soigner un petit bobo, pour calmer un nourrisson énervé, ou pour on-ne-sait-trop quelle raison, la tétée au sein est une réponse très adaptée, d'une efficacité admirable.

Mettre des causes sur les pleurs d'un nouveau-né n'est pas toujours facile. Certains vous expliquent que si le bébé pleure comme ça, c'est parce qu'il a faim, s'il pleure comme ci, c'est qu'il a besoin de câlin, ou qu'il cherche à s'endormir. En cherchant bien, nous trouvons toujours une explication aux pleurs : les fameuses poussées de croissance (à 3 semaines, 6 semaines, 3-4 mois), puis les dents (qui, comme c'est pratique, poussent de façon invisible), la fameuse tranche 8-9 mois et sa peur de la séparation, etc. Pour un bébé allaité à volonté, inutile de se poser tant de questions, car le sein est bien souvent la réponse unique à de multiples besoins et de nombreuses causes de frustrations. Cessons de nous compliquer la vie : les pleurs prolongés des bébés tels que nous avons l'habitude de les observer chez nous sont le plus souvent la conséquence d'un **maternage inadapté**, et non de l'ignorance des parents pour tel cycle biologique ou tel stade critique.

L'allaitement côté maman

Mais l'allaitement n'apaise pas que le bébé. Il a également un rôle essentiel pour la mère. Quand il est bien mené, c'est-à-dire que les tétées ne sont pas douloureuses, que la mère est soutenue par son entourage, et qu'elle a l'impression d'allaiter facilement son bébé, c'est une **source de grand plaisir**. Plaisir d'un contact intime et corporel avec son nourrisson, avec tout un cortège de sensations (odeurs, sensations au niveau des seins, bruits et paroles) qui fixe la relation mère-bébé d'emblée dans le concret et le positif. Une mère qui sait qu'elle donne le meilleur à son bébé ressent une grande **confiance** en elle. Un bébé heureux qui s'endort au sein, voilà un signal très fort pour une mère toujours à la recherche du moindre signe de satisfaction de son bébé. On sait bien que cette confiance est l'une des pierres angulaires d'une relation mère-bébé solide, car elle renforce les capacités maternelles, et notamment la capacité à comprendre et prendre soin de son bébé. Et bien sûr, cette capacité, elle est la seule à l'avoir. Non pas que les autres adultes qui entourent le bébé ne puissent rien faire pour lui. Mais sûrement pas de cette façon.

Le biberon, pas toujours si simple

expérience

Le gynécologue vient de terminer l'examen de cette future mère qui attend son troisième enfant. Cette patiente lui pose alors des questions sur le séjour en maternité, et notamment sur l'accompagnement des mères qui allaitent. « Mais Madame », lui répond-il d'un air étonné « pourquoi vous embêter à allaiter ce bébé ? Avec deux grands, vous avez déjà fort à faire, simplifiez-vous la vie et passez au biberon tout de suite ».

Voilà l'image fort répandue que nous avons de l'alimentation au biberon : c'est bien plus simple que l'allaitement, ça marche à tous les coups, pas de mauvaises surprises. C'est certainement ce que l'industrie alimentaire aimerait nous faire croire. C'est sans compter les bébés malades, qui éprouvent de grandes difficultés à digérer le lait industriel (lait de vache légèrement modifié), dont les défenses immunitaires sont affaiblies. Une de mes amies, Anne, avait décidé de ne pas allaiter son cinquième bébé. Elle m'a raconté ensuite ces heures passées debout, le bébé bien droit contre elle, a essayer de « faire passer le lait ». Peuvent suivre alors les pleurs inconsolables d'un bébé qui a on-ne-sait-quoi, l'inquiétude des parents autour du berceau, le rejet du bébé qui s'installe insidieusement. On nous fait croire que les bébés nourris au biberon poussent bien, sans aucun problème. C'est complètement faux, les cabinets de pédiatres sont remplis de nourrissons qui ne mangent pas beaucoup, et dont la courbe de poids inquiète parents et professionnels. Mais contrairement aux bébés allaités, ici, pas de roue de secours possible. S'il est possible de revenir à un allaitement au sein, y compris après plusieurs semaines, soyons réaliste, ce n'est pas simple, et cela demande un soutien de très bonne qualité difficile à trouver. Voilà donc le bébé et ses parents condamnés à réussir l'alimentation au biberon, éventuellement à changer de marque, ce qui bien souvent ne sert pas à grand chose[4]. Il n'en va pas de même pour le bébé allaité : dès la moindre inquiétude devant un léger fléchissement de la courbe de poids, le complément sera bien rapidement proposé (le plus souvent à tort, voir plus loin). Nous sommes donc passés d'une société où l'allaitement au sein devait à tout prix marcher, le lait animal, son alternative possible, étant souvent voué à l'échec (la mort de l'enfant) à une société où l'alimentation de substitution doit à tout prix marcher, l'allaitement maternel, son alternative, échouant fréquemment (bien vite remplacé par ces laits industriels).

Et quand tout va bien, il y a des biberons à préparer, à nettoyer, du lait industriel à acheter (je me souviens de la dernière grève des transports routiers, des rayons de lait industriel qui se vidaient bien rapidement, et des mères qui prenaient ce qui restait, tant pis pour la marque favorite). Évidemment, dans ces conditions, les mères souhaitent limiter au maximum le nombre de biberons, et favorisent les grosses prises alimentaires.

2. Les règles d'or

Des bébés qui tètent souvent

Tout d'abord, allaiter c'est donner le sein aussi souvent que le réclame votre bébé et que vous souhaitez le faire. C'est ce qu'on appelle encore l'allaitement à la demande, sans restriction. Les études ont montré qu'une fréquence

4. La composition des préparations pour nourrissons est fixée par règlement administratif, il y a fort peu de différences entre les différentes marques.

élevée des tétées est associée à une plus grande durée d'allaitement. Elles rejoignent les conclusions des physiologistes en ce domaine : **plus la glande mammaire est stimulée, plus elle produit du lait**. De plus la composition du lait humain, notamment la nature et la quantité des protéines, induit une digestion rapide et donc des tétées très fréquentes.

Quand peut-on parler réellement d'allaitement avec tétées fréquentes ? Quand la mère ne sait pas bien combien de fois le bébé tète par jour (c'est souvent le cas à partir de 8-10 tétées par jour) ; quand, à certains moments de la journée, le bébé passe son temps au sein ; qu'il tète la nuit ; quand les tétées sont irrégulières, sans schéma prévisionnel établi ; quand le bébé tète principalement avant d'avoir eu besoin de pleurer.

Mais pour allaiter de cette façon, le bébé doit être à proximité de sa mère. Donc, pas dans une chambre tranquille et silencieuse. Mais bien à côté d'elle, aux différents moments de la journée. C'est valable le jour. C'est valable la nuit. Surtout la nuit : si la mère veut dormir et si elle souhaite allaiter simplement et souvent, la proximité nocturne est la clé de la réussite.

Le biberon : à la poubelle

Il est important d'éviter de donner le biberon à un bébé allaité. Dans une grande majorité de cas, il n'est pas un ami pour l'allaitement. Sein et biberon, la cohabitation n'est pas performante. J'ai cru moi aussi que donner le biberon à un bébé allaité cela pouvait être pratique. Mais à force de rencontrer des mères éplorées qui ne savent plus comment convaincre un bébé de passer du biberon au sein, à force de voir des allaitements qui s'arrêtent pour cause de lactation défaillante et de bébé devenu paresseux au sein, à force d'entendre des parents envisager l'allaitement comme s'il ne s'agissait que d'un biberon à la forme particulière (et par là même adopter des comportements défavorables à l'allaitement), si vous souhaitez allaiter plus de neuf mois, je ne peux que vous inviter à jeter les biberons à la poubelle. Vous verrez que c'est possible et que l'on peut se passer totalement de cet ustensile sans revenir pour autant aux temps préhistoriques et y compris quand la mère et le bébé sont séparés dans la journée.

Dans le même ordre d'idée, la tétine, ou sucette, devrait être évitée. En comblant le besoin de succion du bébé, son utilisation diminue forcément la fréquence des tétées, et donc la stimulation de la lactation.

observation

Un bébé de huit mois joue auprès de sa mère, tous les deux sont assis sur un tapis. La mère a accroché la tétine de son bébé à son pull, celle-ci pend donc au bout de son ruban, juste un peu en dessous de la poitrine ; et puis soudain le bébé se tourne vers sa mère, attrape la tétine et, sans la décrocher, se met à téter ce sein de substitution…

On entend souvent parler d'une période de maturation de l'allaitement, à partir de laquelle on peut sans danger donner biberon et tétine au bébé. Cette proposition n'est pas fondée sur des observations scientifiques. C'est sans doute vrai que le bébé de trois-quatre mois a appris à téter correctement le sein, et qu'il est devenu un expert de l'allaitement. Mais si certains bébés à qui le biberon est proposé, passent plutôt bien du sein au biberon et vice-versa, d'autres se sèvreront très rapidement ; et tous finissent un jour par abandonner le sein pour le plastique.

Bien sûr, si vous ne souhaitez pas poursuivre l'allaitement trop longtemps, pour une raison ou une autre, un excellent moyen de sevrer progressivement votre bébé est de lui proposer le biberon. Ce dernier finira toujours par l'emporter, et les tétées diminueront sans que vous ayez à y penser. Ceci est valable pour des bébés âgés d'au moins six mois. Avant, une fois les premières semaines d'apprentissage passées, il arrive souvent qu'ils refusent de prendre le biberon (voir plus loin pour les bébés gardés par une autre personne que leur mère quand celle-ci souhaite lui faire donner le biberon).

Positions au sein

Pour obtenir du lait, le bébé doit téter efficacement : sa bouche est largement ouverte au moment de la mise au sein, il attrape la plus grande partie de l'aréole possible (partie brune autour du mamelon). Son ventre est contre le vôtre, avec sa tête bien dans l'axe de son corps. Il ne doit pas avoir à tour-

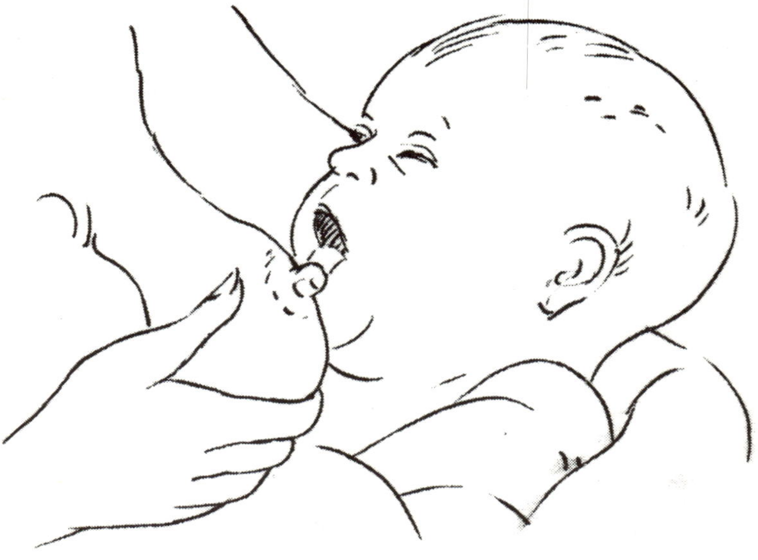

ner la tête pour téter, sinon il risque de tirer sur le sein et de vous blesser, ou de ne pas recevoir suffisamment de lait. En fait, le mieux serait d'observer un bébé qui tète et de vous imprégner de ces images. Une fois ces quelques remarques faites, une grande liberté est autorisée, et de très nombreuses positions sont possibles. L'important pour la mère et son bébé, est de **se sentir bien**. C'est souvent au début, les premiers jours, que vous tâtonnerez, à la recherche de ce qui vous convient, à vous et à votre bébé. Observez votre bébé, et laissez-le faire : il adoptera souvent la meilleure position pour votre situation propre à tous les deux.

expérience

Une jeune mère assiste à une réunion, et donne le sein à son bébé dans une position qui est loin de ressembler à la position classique que je décrivais à chaque fois, la tête de son bébé faisant un angle de 90 degrés avec son corps. À la fin de la réunion, alors que tout le monde quitte la salle, je m'approche d'elle et lui demande : « Il ne vous fait pas mal comme ça ? » « Non », me répondit-elle en souriant. Je ne pus m'empêcher d'ajouter : « Oui, parce qu'on ne peut pas dire qu'il adopte une position classique ! ». « Eh oui, il a toujours tété comme ça » m'expliqua-t-elle.

Ce bébé et cette maman avaient trouvé une manière bien à eux de s'accorder, peu ordinaire, mais visiblement, ça marchait.

Des difficultés en moins

Cette façon d'envisager l'allaitement vous épargnera pas mal d'ennuis. Le bébé qui tète souvent et correctement obtient ainsi tout le lait dont il a besoin pour grandir. Ce bébé pleure également beaucoup moins, et sa mère est rassurée sur la qualité des soins qu'elle apporte à son bébé. Les engorgements sont également moins fréquents, car ils ne sont le plus souvent que le résultat d'un intervalle trop important entre les tétées. En fait, avec des tétées espacées, l'allaitement se déroule de façon chaotique : stimulé d'une façon non naturelle, c'est à dire peu fréquente et pour de longues durées, le sein oscille entre « trop plein » et « trop peu ». Les mères sont en général très contentes de voir leur seins gonflés après une sieste un peu longue ; elles pensent alors, parce que toutes les explications qu'elles reçoivent tendent vers cette conclusion, que plus elles attendent entre deux tétées, et plus elles auront du lait. C'est peut-être vrai au début, mais cela ne le restera pas longtemps. Les grèves de tétées, ou plus généralement le refus du sein, seront également moins fréquentes avec des tétées fréquentes : quand le bébé est allaité à proximité de sa mère, c'est-à-dire quand il dort à côté d'elle, il aura plusieurs fois l'occasion de téter en utilisant des réflexes archaïques, dans un demi-sommeil. Ceux-ci sont d'excellents guides pour retrouver le bon chemin vers le sein, pour oublier la tétine du biberon si par malheur elle a perturbé le bébé, ou tout ce qui surcharge le cerveau conscient du bébé et qui peut entraver son comportement instinctif de primate. C'est également vrai du côté de la mère : elle fera plus souvent appel à son instinct en allaitant fréquemment et en restant à proximité de son bébé.

L'absence de biberons de complément est un gage de réussite. Quand il n'y a pas d'alternative au sein, la mère donnera autant de tétées que nécessaire pour que le bébé se développe bien ; et cela s'avère très efficace. Par contre, si elle sait que dans le placard du haut de la cuisine, une boîte de lait premier âge n'attend plus qu'un ouvre-boîte pour se répandre dans un biberon acheté par précaution et qu'il lui paraît si simple de préparer, au moindre doute elle essayera, juste pour voir. Alors c'est vrai, devant ce bébé à qui elle vient de donner un premier biberon qui aura été englouti en cinq minutes et qui vient enfin de s'endormir, comment ne pas en venir à douter ? Bien souvent les tétées espacées dans la journée ne stimulent pas la production de lait aussi bien que le feraient des tétées plus fréquentes. Et si cela peut convenir un temps, soit quelques heures dans la journée, soit quelques semaines après la naissance, des inquiétudes naissent concernant la quantité de lait, souvent le soir, souvent à partir de deux-trois mois. Un peu comme si les tétées de la journée préparaient celles du soir. Et que les tétées des premières semaines stimulaient la lactation des mois suivants. C'est donc ce qui explique que des allaitements « à l'occidentale » (c'est-à-dire avec peu de tétées) qui semblaient se dérouler parfaitement bien les premières semaines, se terminent plus vite que prévu, et que l'on se tourne si vite vers le biberon de complément. Je me souviens de cette mère ravie, qui venait avec son bébé de deux mois *« qui fait déjà ses nuits, et qui vient de passer à six tétées »* : elle s'étonnait de ne pas me voir partager franchement son enthousiasme. De la même façon, les mines sombres qui évoquaient un bébé qui à trois mois ne faisait toujours pas ses nuits et qui tétait toutes les deux heures, s'éclaircissaient un peu devant mes encouragements : *« Oui, c'est bien, votre bébé a appris à vous appeler, et à téter souvent. Bravo ! »* Ce sont probablement ces allaitements-là, et non les premiers, trop calmes, qui vont durer. D'une part grâce à la stimulation des seins qui sécréteront plus de lait ; d'autre part grâce au bébé qui restera un téteur efficace, et ne risque pas de s'égarer en chemin vers d'autres étalages (en l'occurrence, les tétines de biberon).

Des questions en plus

Les femmes occidentales ont parfois l'impression d'avoir des modes de vie qui ne leur permettent pas de suivre de telles indications : un travail prenant, une vie sociale sollicitant du temps, des loisirs, une famille, des amis. Est-ce donc bien raisonnable dans ces conditions de vouloir allaiter un bébé jour et nuit, à la demande ? Comment jongler avec tous ces rôles tout en s'occupant d'un nouveau bébé ? Comment garder son bébé à proximité, et l'allaiter fréquemment, quand on a par ailleurs envie de sortir et de ne pas se limiter à des activités ménagères ? Non seulement c'est possible, mais c'est même une façon de s'occuper d'un bébé tout à fait adaptée à notre vie quotidienne.

3. Vos questions les plus fréquentes durant les premiers mois

Se préparer à allaiter

Comment faire pour profiter de la grossesse pour se préparer à l'allaitement ? Observer des mères qui allaitent avec plaisir leur bébé est sans doute la méthode la plus efficace. Plus une mère est expérimentée, plus elle aura des conseils pratiques et concrets à vous donner. Quelle que soit sa formation et son expérience, un professionnel ne pourra par partager avec vous l'enthousiasme, les sensations, les sentiments, les doutes et surtout le quotidien fait de mille et une tétées d'une mère qui allaite ou qui a allaité. N'achetez aucun biberon ni aucune boîte de lait premier âge d'avance, même si cela vous a été conseillé : il n'y a aucune raison de craindre une « panne de lait », il n'y aura aucune urgence si vous allaitez fréquemment, votre bébé ne risque pas d'être déshydraté si vous n'achetez pas ce lait industriel[5]. Vous gagnez de la place, du temps et de l'argent. Deux, trois bons soutien-gorge seront suffisants mais pas indispensables, cela dépend de votre poitrine et de vos habitudes. Quand vous allaitez, vos seins sont souvent plus gros. Il n'est pas urgent d'acheter un soutien-gorge : attendez la venue du bébé pour savoir quelle taille vous ferez. Si vous souhaitez anticiper, achetez-en un seul, pour le séjour à la maternité, d'une ou deux tailles de bonnet supérieures à ceux que vous utilisez habituellement. Quelques coussinets seront utiles pour recueillir les pertes de lait. Mais là aussi, rien d'urgent ; parfois les vieilles méthodes sont les plus simples, les plus efficaces et les moins chères : des mouchoirs en tissu pliés en quatre dans le bonnet du soutien-gorge pourront faire l'affaire (et seront lavables).

Quand dois-je donner le sein ?

Vous pouvez donner le sein dès que le bébé fait des bruits de succion, se met à téter son poing, babille, ou dès que vous en avez envie… L'ultime signal, les pleurs ou les cris, sont en fait bien rares pour un bébé qui tète souvent et qui est à proximité de sa mère. Il n'y a jamais de raison négative de donner

---

5. En cas de déshydratation d'un bébé allaité, ce qui est extrêmement rare, se sont plutôt des sels de réhydratation qui seront nécessaires.

le sein à un bébé qui le réclame, donc aucune justification à chercher. Bien évidemment, aucun intervalle minimum n'est à respecter, et ce quelle que soit la durée de digestion du lait maternel : **téter c'est aussi se rassurer, se réconforter, s'attacher**, et là, pas de digestion à attendre. Les mêmes observations sont à faire en ce qui concerne la durée des tétées. Tout juste pouvons-nous dire que les bébés qui tètent fréquemment ont des durées de tétées souvent plus faibles que les bébés qui tètent peu souvent.

Comment savoir si j'ai assez de lait ?

Y compris quand une mère allaite en adoptant l'attitude qui est encouragée ici, c'est-à-dire quand elle donne le sein pour tout un tas de raisons, il lui arrive parfois de s'inquiéter de la quantité de lait que reçoit son bébé. Si vous gardez votre bébé auprès de vous, y compris la nuit, et si vous l'allaitez très souvent, y compris la nuit, vous n'aurez sans doute pas à vous poser la question. Des indicateurs simples vous permettent également de vous rassurer : votre bébé urine au moins cinq fois par jour (une couche contenant de l'urine pèse plus lourd qu'une couche sèche, même si elle ne paraît pas mouillée), et s'il a moins de trois semaines, il a au moins trois selles par 24 heures. Attention, les bébés plus grands peuvent tout à fait n'avoir qu'une selle par semaine (voire moins), et recevoir assez de lait. La courbe de poids, sur au moins une semaine, est un indicateur à plus long terme. Mais il est inutile de peser le bébé avant et après une tétée : sauf conditions extraordinaires, cela n'apporte aucun renseignement et renforce inutilement l'inquiétude de la mère. Si vous êtes inquiète, n'attendez pas pour en parler, soit à une amie qui a allaité, soit à une association. Les mères expérimentées sauront évaluer la situation, vous aider et le plus souvent vous rassureront. Elles pourront également vous alerter si quelque chose ne leur semble pas tout à fait habituel.

Le déroulement des premières tétées

La naissance d'un bébé et les premiers jours qui suivent sont des moments intenses pour la mère et pour son bébé. Inconnus l'un pour l'autre il y a quelques minutes, les voilà l'un sur l'autre, collés, agglutinés, pour le meilleur et pour le pire. Les comportements sont alors marqués par des canevas naturels puissants : chercher, ramper, et aspirer le mamelon pour le nouveau-né ; caresser, empaumer, sentir son bébé pour la mère. Il est important de les laisser se connaître et d'éviter absolument toute séparation inutile. Si des capacités naturelles s'expriment ici très fortement, des perturbations peuvent avoir des conséquences graves. Pourquoi ne pas parler là d'une période sensible, où l'adaptation du bébé et de sa mère à une situation inédite (c'est tout de même leur première véritable rencontre) s'enracine pour orienter la relation dans un sens, ou dans un autre. Laver, peser, habiller le bébé peut attendre. De nombreux médecins s'interrogent maintenant sur le bien-fondé de certains gestes agressifs comme le passage de sondes. Des effets secondaires néfastes remettent en cause les bénéfices qui étaient jusqu'à présent avancés, comme le repérage de certaines anomalies. Les tétées fréquentes devraient commencer dès la naissance. Je me souviens de Camille, tétant vigoureusement pendant toute une heure en salle de naissance. Accrochée au sein, elle s'accrochait aussi à sa mère, avec toutes ses forces et toute sa volonté. Laissez donc faire votre bébé et gardez-le le plus longtemps possible avec vous. Pour vous reposer, l'idéal est de pouvoir vous allonger tous les deux l'un contre l'autre.

Comment allaiter fréquemment un bébé la nuit ?

Le moyen le plus simple d'allaiter la nuit est bien d'avoir son bébé « sous le sein ». C'est-à-dire de dormir avec lui, ou en tout cas de l'avoir à portée de main. Dans ce cas, inutile de se lever pour aller chercher le bébé, inutile d'allumer la lumière, inutile d'attendre ses appels et ses cris. Les choses sont simplifiées au maximum. Je reviens dans le chapitre suivant sur les détails pratiques du partage du lit ou de la chambre qui est un point essentiel de la proximité mère-bébé. Mais il me semble important de préciser ici que le nombre des tétées nocturnes n'a aucune raison de diminuer durant la première année, comme cela est pourtant souvent dit chez nous. Les études ethnologiques montrent que les bébés qui dorment avec leur mère (et ils sont nombreux à le faire encore aujourd'hui) tètent plusieurs fois par nuit même au-delà de six mois. Nous pensons à tort que passé trois mois, le bébé ne devrait plus téter la nuit : c'est peut-être vrai qu'il peut supporter de passer 8 heures sans s'alimenter et sans boire, mais est-ce réellement un plus pour l'allaitement ? Nous n'avons vraiment aucune leçon à donner à des populations où les bébés sont allaités bien plus longtemps que les nôtres. Inspirons-nous plutôt de leurs pratiques. Nous épargnerons à nos mères beaucoup de fatigue tout en leur permettant d'allaiter convenablement leur bébé.

Vous voyez là que l'allaitement a un avantage de taille sur l'alimentation au biberon. Dans ce dernier cas, pas question de donner le biberon en se rendormant dans le lit : l'adulte qui s'en charge doit souvent préparer et réchauffer le lait, puis s'asseoir avec le bébé pour le lui donner. Et attendre ensuite que le bébé fasse son rôt (ce que le bébé au sein fait beaucoup plus rarement) pour, enfin, se coucher. Vous vous serez depuis longtemps endormie, avec votre bébé contre vous.

Quel régime particulier faire pendant l'allaitement ?

Les recettes de cuisine prennent en général une bonne place dans tout guide sur la grossesse et l'après-naissance. Si vous aimez suivre des conseils alimentaires, si vous attachez beaucoup d'importance à votre alimentation, je vous invite à lire ces livres. Mais, en dehors des cas de sous-alimentation qui sont chez nous rarissimes ou de carence suite à un régime très déséquilibré, l'influence de votre alimentation sur la lactation sera quasi-nulle. Donc faites-vous plaisir, mangez comme d'habitude, à votre faim, et buvez à votre soif. Inutile également de se forcer à boire trois litres d'eau par jour, ou un demi-litre de lait, ou je ne sais quel autre aliment ou boisson : si vous êtes normalement constituée et avez un comportement alimentaire équilibré, il n'y a rien d'autre à faire que de **suivre vos indicateurs internes** qui sont en général les meilleurs. Les habitudes culturelles humaines sont très variées, et tous les bébés se satisfont de la nourriture absorbée par leur mère, qu'elle leur restitue en quelque sorte, en les allaitant. C'est même une façon très simple pour le bébé de goûter à des saveurs qu'il rencontrera plus tard, quand il commencera à avoir une alimentation solide.

Des mères se posent souvent des questions sur la consommation d'alcool, de tabac, de café, et de thé, ou d'autres produits comme les hallucinogènes et les médicaments, durant l'allaitement. Si vous consommez un ou plusieurs de ces produits en allaitant, une partie passera dans votre lait, et votre bébé en recevra lui aussi, en plus faible quantité. Ces produits ont des effets bien connus sur l'organisme, et le mieux pour votre bébé est de ne pas en consommer. Si vous prenez du thé ou du café, essayer de limiter votre consommation à une tasse à petit déjeuner par jour. Le vin peut être consommé avec modération, c'est-à-dire un ou deux verres par jour. Si vous ne pouvez pas vous arrêter de fumer (ce que vous aurez sans doute déjà essayé de faire durant la grossesse), limiter votre consommation reste bien entendu recommandé. Il est souhaitable de ne pas fumer dans la pièce où se trouve votre bébé. Vous devriez également essayez de fumer « loin des tétées », et éviter de fumer juste avant de donner le sein (le taux de nicotine dans votre lait diminue avec le temps, après la cigarette). Si votre consommation vous paraît dépasser largement ces limites, ou si vous consommez des hallucinogènes, vous devriez demander un avis spécialisé auprès d'une consultante en lactation. La question des médicaments est abordée plus loin.

Enfin que penser des polluants que la mère absorbe ou inhale ? La dioxine a longtemps eu les faveurs des unes médiatiques, et été l'occasion de mettre en garde contre l'allaitement. Ce composé se retrouve en effet dans le lait de la mère, qui transmet ainsi une partie de son stock à son bébé. Mais les nombreuses études qui ont été faites à ce sujet conduisent à recommander d'allaiter, le lait industriel ne montrant pas là non plus d'avantages à être utilisé. D'une façon générale, les bébés, même allaités au sein, sont très vite en contact avec tous ces produits. C'est aussi le cas des bébés nourris au biberon, qui, de plus, ne bénéficient pas des composants actifs du lait maternel favorables à leur santé (voir plus loin).

Quand la question du risque lié à l'allaitement (risque de transmission d'une maladie, d'un produit consommé par la mère) est abordée, il faut **avoir une vision globale** et mesurer des risques comparatifs. Dans la très grande majorité des cas, l'allaitement maternel reste une solution meilleure que son alternative artificielle.

Ne demandons pas à l'allaitement d'être parfait dans un monde imparfait.

Le lait industriel n'est-il pas aussi nourrissant que le lait maternel ?

La liste des avantages de l'allaitement maternel, pour le bébé, pour sa mère, mais aussi pour la société, est si longue que bien souvent elle donne l'impression d'être exagérée. Et pourtant, il semblerait que nous ayons encore des choses à découvrir, et que nous minimisions toujours ses bénéfices : chaque année, des études scientifiques découvrent de nouvelles propriétés du lait maternel, associées à de nouvelles fonctions protectrices.

Le premier avantage mis en avant, et que vous connaissez certainement, est le bénéfice pour la santé de l'enfant. C'est un fait indéniable : les bébés allaités sont moins souvent malades, et quand ils le sont, ils guérissent plus vite. Moins d'hospitalisation, moins de consultations chez le médecin, moins de médicaments : c'est également bénéfique pour les comptes de la Sécurité sociale. Les publications sur les bénéfices sanitaires de l'allaitement rempliraient des bibliothèques d'hôpital tant elles sont nombreuses et je n'ai pas l'intention ici d'en faire la synthèse. Vous connaissez peut-être moins les **bénéfices pour la santé de la mère** : retour plus rapide de l'utérus à sa taille habituelle après la naissance, diminution du risque du cancer du sein et de l'ovaire, moins d'ostéoporose, diminution des pertes de sang, espacement entre les naissances (j'y reviens plus loin).

Plus rares sont les publications sur les **bénéfices relationnels** apportés par l'allaitement : renforcement de l'attachement mère-bébé, diminution de la maltraitance, mais aussi meilleur développement intellectuel ont été observés. L'allaitement étant à la fois un mode alimentaire et un mode relationnel, il n'est pas simple de déterminer précisément son action dans le domaine psychoaffectif : sont-ce les composés du lait maternel qui agissent ? Ou bien les aspects relationnels induits par l'allaitement ? Sans doute les deux.

Nous en sommes souvent réduits à émettre des hypothèses, ou bien à faire preuve de bon sens : l'allaitement maternel, naturel, biologique, convient sans doute mieux au petit d'homme que l'alimentation de substitution, invention toute récente. Que ce soit comme sécrétion d'un liquide biologique aux propriétés encore inégalées, ou comme modalité relationnelle entre une mère et son bébé, l'allaitement maternel imprime la vie du bébé dans de nombreux registres.

Attention cependant à ne pas attendre de l'allaitement monts et merveilles. Les études statistiques sont une chose ; la vie, la vôtre, en est une autre. Bien sûr, vous allez rencontrer une amie dont le bébé nourri au biberon dès la naissance n'est jamais tombé malade. Et peut-être que votre nourrisson, exclusivement allaité, sera un abonné aux otites. On vous citera également le cas de ce polytechnicien qui n'a jamais rien reçu d'autre que du lait industriel (sans acides gras, inconnus à l'époque). Cela ne remet pas en cause ce qui a été dit plus haut. Tout simplement, l'allaitement n'est pas le seul facteur qui intervient dans la vie d'un enfant. Par contre, vous pouvez être certaine que c'est la meilleure façon de nourrir et de s'occuper de votre bébé, et que l'utilisation du biberon n'est jamais un plus.

Je suis malade, et le médecin me demande d'arrêter l'allaitement. Que faire ?

Les contre-indications à l'allaitement sont suffisamment peu nombreuses pour que cette éventualité soit à priori exclue. S'il est possible que par l'intermédiaire de votre lait le bébé reçoive des agents responsables de votre maladie, il est certain qu'il recevra en même temps les anticorps correspondants. Et de toutes façons, le plus souvent c'est par le simple contact que les maladies se transmettent (parfois bien avant la déclaration des symptômes), qu'il y ait ou non allaitement. De nombreux constituants du lait maternel aident votre bébé à lutter efficacement contre les maladies. Et si vous avez besoin d'un traitement médicamenteux, le médecin devrait pouvoir trouver des médicaments compatibles avec l'allaitement. Une très large gamme de produits compatibles avec l'allaitement existe, qui restreint finalement à quelques cas exceptionnels (produits radioactifs, certains anticancéreux) l'arrêt provisoire ou définitif de l'allaitement. Donc pour toute maladie banale (virale, infectieuse ou autre), il n'est pas nécessaire de suspendre l'allaitement. Si c'est ce que vous demande votre médecin, discutez-en avec lui et insistez pour qu'il cherche une solution compatible avec l'allaitement. Ou cherchez un autre avis médical.

L'allaitement protège-t-il d'une grossesse ?

Oui, à court terme. L'allaitement tel qu'il est décrit dans ces lignes est une méthode efficace d'espacement des naissances. La Méthode de l'allaitement maternel et de l'aménorrhée (MAMA) est une méthode dont l'efficacité a été maintes fois prouvée : un allaitement à la demande, avec des tétées fréquentes (au moins toutes les 4 heures en journée et toutes les 6 heures la nuit), presque exclusif, si vous n'avez pas eu de retour de couches et que votre bébé a moins de six mois, vous protège d'une grossesse à 98 % (score tout à fait honorable, le 100 % ici comme pour beaucoup de choses, est impossible). Très certainement cette méthode pourrait être étendue au-delà de six mois, on parle parfois de la MAMA 9 (c'est à dire jusqu'à 9 mois), voire même de MAMA 12. De nombreuses mères dans le monde ne concevront pas d'enfant les deux ans qui suivent une naissance quand elles allaitent fréquemment et à la demande (y compris la nuit bien sûr). Chez nous, vous entendrez souvent dire que cette méthode ne convient pas aux jeunes femmes. C'est vrai, car en même temps on vous déconseille de dormir avec votre bébé, ce qui a comme effet de diminuer le nombre de tétées nocturnes et donc l'effet contraceptif. Il y a également des variations individuelles : souvent le premier bébé vous permettra de connaître votre profil. Certaines mères tombent très rapidement enceintes après une faible diminution du nombre de tétées ; pour d'autres, l'effet contraceptif sera tel qu'elles devront attendre le sevrage complet de leur enfant et parfois même le provoquer, pour lancer une nouvelle grossesse.

Si vous souhaitez utiliser une autre méthode contraceptive, par exemple après votre retour de couches, n'oubliez pas que des méthodes locales sont disponibles (spermicides, préservatifs, diaphragmes, stérilets) qui sont une alternative à la prise d'une pilule contraceptive. Celle-ci ne devra contenir que des progestatifs, mais le mieux est peut-être de l'éviter pendant l'allaitement (au moins l'allaitement exclusif) car elle peut, dans certains cas, diminuer la lactation.

Je connais un bébé allaité qui tète quatre fois par jour. Comment est-ce possible ?

En fait, il s'agit d'une adaptation extraordinaire de l'allaitement à une situation extraordinaire. Il existe des bébés qui, dans nos conditions habituelles, c'est-à-dire dans un cadre où calme, séparation et espacement des tétées sont favorisés, sont peu demandeurs. Ils dorment beaucoup, semblent toujours satisfaits, et les parents en sont bien souvent ravis. Ils passent le plus clair de leurs journées dans un berceau, au calme, et ne dérangent personne. Il arrive également qu'ils puissent tout de même recevoir assez de lait. Au moins pendant un certain temps. En fait ces allaitements sont des « survivants », le plus souvent en sursis : la plupart des couples mère-bébé ne peuvent pas se satisfaire longtemps d'un schéma avec si peu de tétées. Et les tétées sont bien vite remplacées par des biberons. Attention : ce n'est pas parce que ce sont souvent les seuls allaitements que vous avez pu observer que c'est de cette façon qu'il convient d'allaiter[6]. Une proximité renforcée aurait certainement donné une autre allure à ces allaitements et par-là même augmenté leur chance de se prolonger dans le temps d'une façon plus naturelle.

Le papa et l'allaitement ?

La place du père est l'objet de nombreuses questions aujourd'hui. C'est vrai qu'il est invité à suivre la grossesse de sa femme, à assister à la naissance, à participer à la vie de son nouveau-né avec un congé de paternité. Cela n'implique pas pour autant qu'il doive nourrir son bébé. C'est vrai que les bébés nourris au biberon peuvent être alimentés par leur père, un grand frère, une grand-mère, une voisine. Ce n'est pas forcément une bonne chose pour le bébé, ni pour sa mère. L'allaitement maternel amène la concrétisation d'une division sexuée des tâches quotidiennes concernant un jeune enfant. Le nouveau-né découvre ainsi le monde dans lequel il vit comme un monde peuplé d'hommes et de femmes, qui ont des spécificités sexuelles. Cela ne choque personne quand on évoque les relations sexuelles ou la grossesse ; pourquoi remettre en question cet état de fait plus tard, lors des soins au nouveau-né ? Les pères qui évoquent les bénéfices de l'allaitement parlent souvent en souriant des nuits calmes, passées à dormir, car ils n'ont pas à se lever la nuit. Les hommes ne parlent pas toujours facilement de leurs sentiments, mais je me souviens par exemple du regard fier de Marc, papa de Solenne, quand cette dernière, âgée de deux mois, se lovait contre le sein de Christine, sa mère ; et de ce geste tendre qu'il avait, entourant d'un bras la maman, et caressant de l'autre main la joue de sa fille. Quel plaisir à les voir ainsi, heureux (pour plus d'informations, voir le chapitre 4).

L'allaitement et la vie sexuelle ?

Il est certain que les modifications corporelles que connaissent toutes les mères après une naissance, influent sur leur vie sexuelle. Comment imaginer que ce grand événement que sont l'accouchement et les suites de couches (en dehors même de l'allaitement) puisse ne pas se répercuter sur le com-

6. Ce sont souvent les seuls allaitements que nous observons, car tous les autres, qui auraient nécessité des tétées plus fréquentes, ont été très rapidement abandonnés.

portement sexuel ? Enfin avec l'allaitement et l'investissement de la mère pour son bébé, les mises au sein fréquentes, le sommeil partagé, il paraît clair que la disponibilité de la mère pour des relations sexuelles sera diminuée. Combien de temps, et de quelle manière ? La réponse ne peut être qu'individuelle. Les relations sexuelles sont un pan de la vie relationnelle du couple qu'il est difficile de mettre à plat, tant les enjeux sont intimes, puissants. Mais si la mère vit un véritable bouleversement, il n'en est pas tout à fait de même pour le père. Ce qui peut induire une distorsion dans le couple entre les besoins des deux partenaires, et des difficultés sont fréquentes à ce moment. Savoir qu'elles sont banales, et que le temps les résout peut être une aide précieuse. Ayez confiance : la naissance d'un enfant est compatible avec une vie adulte et donc une vie sexuelle. L'allaitement lui-même n'interfère pas avec la vie sexuelle, sauf peut-être les premiers mois (les seins sont alors tendus, la mère fatiguée et le plus souvent uniquement préoccupée par son bébé). Après, les seins reprennent leur aspect habituel. Bien sûr, le bébé reste bien là ; et il faudra compter avec lui pendant de longues années. Donnez-vous simplement le temps de vous adapter à votre nouvelle vie (voir aussi plus loin, le chapitre sur le sommeil).

Comment allaiter fréquemment un bébé quand on a une lessive à pendre (des devoirs à surveiller, un dîner à préparer, une copine au téléphone, ...) ?

C'est vrai que les femmes assument encore le plus souvent de nombreuses tâches à la maison : ménage, cuisine, devoir des grands, repassage, organisation des activités de loisirs, etc. Aidées tout de même par des machines (lave-vaisselle, réfrigérateur, etc.) qui nous paraissent aujourd'hui presque naturelles, bien qu'encore inconnues d'une grande partie de la population mondiale. Arrêtons peut-être de nous plaindre, abaissons nos exigences de propreté et de perfection et apprenons réellement à nous servir de ces équipements. Car bien souvent, tout se passe en effet comme si ces outils qui devraient nous faciliter la vie quotidienne ne nous servaient qu'à devenir des maniaques de la propreté. Tant pis pour la tache sur le tee-shirt. Tant pis pour le linge insuffisamment (ou pas) repassé. Plaçons les gens (notre bébé, nos enfants plus grands, notre compagnon) avant les choses. Et sachons rester maîtres de ces outils modernes plutôt que d'en être les esclaves.

Enfin, de nombreuses activités peuvent être menées avec un bébé au sein : préparer un repas (mais faites attention au bébé quand vous vous approchez de la table de cuisson) ; faire réviser une leçon de géographie ; répondre au téléphone ; ranger une chambre. Il suffit en général d'adopter un moyen de portage approprié : mettre le bébé « au dos » comme les Africaines, ou le maintenir contre votre corps grâce à une écharpe de tissus, plusieurs systèmes existent qui sont très utiles (voir le chapitre sur le portage). Et contrairement au biberon, il vous reste une main de libre. Je me souviens ainsi avoir fait dîner mes trois « grands » avec Maxime bien accroché au sein, grâce à un simple bout de tissu qui me servait à le maintenir contre moi. Et je ne compte pas les histoires lues, un bébé tétant, ni les heures passées devant l'ordinateur, toujours avec un petit au sein.

Bien souvent chez nous, les professionnels formés à l'allaitement qui connaissent certaines règles simples (par exemple, plus le bébé tète plus il y a de lait), n'osent pas proposer aux mères de vivre un allaitement avec des tétées fréquentes. Ils s'imaginent que les mères ne le supporteraient pas, car cela demanderait un engagement trop intense, et une disponibilité permanente. La plupart du temps, ils n'ont pas l'expérience personnelle d'un tel maternage, et s'imaginent le quotidien des mères comme une suite ininterrompue de soins aliénants. Il n'est pas question ici de dire qu'allaiter un bébé dans une réelle proximité ne demande pas de temps ni d'énergie de la part de la mère. Cependant gardons à l'esprit que nourrir un bébé au biberon, s'évertuer à le faire dormir seul, le surveiller quand il est malade (ce qui arrive plus souvent quand il n'est pas allaité), n'est pas de tout repos[7]. La plupart des parents sont prêts à s'occuper de leur bébé, du moment que cela s'intègre dans leur quotidien. C'est tout à fait possible quand le bébé est allaité à la demande dans une grande proximité. Et puis les mois passent. Un bambin d'un an ne tète pas de la même façon qu'un bébé de deux mois (voir l'allaitement du bambin plus loin). Tout a une fin, y compris la période d'allaitement intensif. Si vraiment vous avez l'impression d'être débordée par la demande de votre bébé, rendez-vous à la fin de ce chapitre.

4. Allaiter et reprendre le travail

Comme de très nombreuses mères aujourd'hui, vous avez une activité professionnelle, et vous n'envisagez pas de l'abandonner. Le temps de la naissance est pour vous l'occasion d'une parenthèse consacrée à votre vie familiale. Si vous êtes salariée, cette parenthèse se refermera après votre congé maternité. Dans d'autres situations (profession libérale, étudiante par exemple), cela pourra être encore plus tôt. Il y a peut-être autant de situations particulières qu'il y a de familles, mais le point commun de ces situations est que vous, la mère, souhaitez poursuivre l'allaitement de votre bébé tout en travaillant. Bien sûr de nombreuses questions surgissent alors. Tout d'abord, est-ce possible ? Et si oui, comment se donner toutes les chances

---

7. Une étude récente au Honduras a montré que les mères qui allaitaient passaient autant ou moins de temps à nourrir leur bébé que des mères qui donnent le biberon, même si elles ont l'impression contraire.

de réussir ? Qu'en penseront vos collègues, et les personnes qui garderont votre bébé ?

Allaiter fréquemment un bébé quand on se sépare de lui

Le plus facile et peut-être le plus important, est de poursuivre l'allaitement à la demande avec des tétées si possible fréquentes, quand vous êtes avec votre bébé. Pourquoi le plus facile ? Parce que cela ne dépend que de vous : ni de votre employeur, ni de vos collègues, ni de la crèche. Contrairement à une idée fort répandue, les rythmes imposés par des exigences extérieures (travail des parents, horaires d'école des frères et sœurs aînés, etc.) sont bien mieux acceptés par des bébés qui tètent fréquemment et de façon libre et irrégulière, que par des bébés entraînés à suivre un rythme rigide.

En second lieu, la bonne volonté du lieu de garde (les crèches, les halte-garderies) et des personnes qui seront en contact avec votre bébé en votre absence est un important facteur de réussite. Il peut être utile d'en discuter avant de laisser votre bébé et d'essayer d'établir un contact positif : assistante maternelle, auxiliaire-puéricultrice de crèche, employée de maison, grand-mère, ... toutes les personnes qui vont s'occuper de votre bébé doivent connaître ses habitudes et vos souhaits. Un dialogue doit s'instaurer qui permet de transmettre des informations dans un sens ou dans l'autre : comment s'est passée cette après-midi à la garderie, qu'a-t-il mangé, combien de temps a-t-il dormi ? À quelle heure a-t-il eu sa dernière tétée avant d'être amenée chez son assistante maternelle ? Et discuter des évolutions souhaitables, des modifications à apporter (peut-être proposer une sieste le matin plutôt que l'après-midi, faire patienter un peu avant l'arrivée de maman plutôt que de donner un biberon).

En troisième lieu, bien évidemment, plus les séparations sont courtes, et plus elles débutent tard après la naissance, mieux l'adaptation de la mère, du bébé et de l'allaitement se fera. Profiter d'une pause-déjeuner à midi pour aller donner une tétée, rentrer plus tôt le soir, prendre quelques mois de congé, demander un temps partiel, autant de mesures possibles qui peuvent s'articuler pour faciliter l'allaitement à la demande du bébé. Et cet aménagement de votre temps de travail est limité dans le temps : les enfants grandissent, les contraintes diminuent, consacrer quelques mois à votre bébé n'est pas du temps perdu, mais un investissement pour l'avenir. Les enfants heureux et épanouis posent bien moins de problèmes que les autres.

Préparer la séparation

Quel que soit l'âge de votre bébé au moment de cette première séparation, il est tout à fait profitable de continuer à l'allaiter comme d'habitude, sans rien changer, jusqu'au jour de la première séparation. Si vous souhaitez donner votre lait à votre bébé durant vos absences, il pourrait être utile de vous exercer avant le jour J et même de faire des réserves de lait maternel. Que ce soit manuellement ou avec un tire-lait, vous aurez au début bien souvent du mal à recueillir plus de quelques millilitres. C'est normal, il faut un apprentissage pour cette technique qui n'est pas tout à fait naturelle. Vous pourrez ainsi vous constituer une réserve pour les premiers jours, ou les jours « sans ». Avec l'expérience, cela deviendra plus facile.

On m'a conseillé d'habituer le bébé au biberon avant son entrée en crèche. Est-ce souhaitable ?

En votre absence, le bébé saura tout de suite qu'il ne pourra pas téter votre sein. Si nous pensons souvent qu'il est préférable de sevrer totalement ou partiellement le bébé avant la reprise du travail, c'est parce que nous considérons que l'allaitement et la présence de la mère sont deux choses différentes. Et donc, priver le bébé de sa mère et priver le bébé de l'allaitement en même temps serait un choc trop grand, une modification trop importante pour le bébé. Autant ne lui en imposer qu'une à la fois : d'abord le sevrage, ensuite la séparation durant la journée. Mais l'allaitement et la présence de la mère sont en fait les deux faces d'une même pièce. Quand sa mère n'est pas là, le bébé sait tout de suite qu'il n'y aura pas de tétée possible. Nous avons la curieuse manie de vouloir préparer la séparation par d'autres séparations. Comme si on préparait au manque en l'anticipant. Mais de même qu'on ne prépare pas un peuple à la famine en l'affamant, on ne prépare pas un bébé à passer un moment sans sa mère en l'en détachant davantage. Au contraire : pour supporter cette séparation, le bébé aura besoin d'intégrer autant que faire se peut un maximum d'expériences positives qui renforceront son attachement à sa mère (on parle alors d'un attachement *secure*). Et les mères qui ont connu ces situations ont toutes beaucoup apprécié les tétées retrouvailles qui permettent à la maman et au bébé, sur le lieu de garde parfois, de se retrouver tout de suite de façon intime. Ce sont alors de véritables **pansements du cœur** qui cicatrisent les blessures inévitables que causent des séparations précoces.

Les premiers jours de séparation, côté bébé

Les premiers jours seront une période d'adaptation. De nos jours, les bébés ne sont plus accueillis brutalement, du jour au lendemain, dans une structure qu'ils ne connaissent pas, ou chez une gardienne inconnue. **Adaptation, familiarisation** sont les mots maîtres de ces premières séparations. C'est une bonne chose pour l'allaitement également, qui s'adaptera progressivement à la nouvelle situation. Que mangera votre bébé en votre absence ? Tout dépend de son âge, de la durée de la séparation et de la possibilité pour vous de tirer ou non votre lait sur votre lieu de travail. Avant quatre mois, il est vraiment indispensable que le bébé ne reçoive rien d'autre que du lait maternel. Le plus simple est de rester avec votre bébé. Pour prolonger de 6 semaines votre congé maternité, pensez à utiliser toutes les options possibles. N'oubliez pas que votre bébé a peut-être plus besoin de vous que vos collègues : ceux-ci peuvent plus facilement se passer de vous six semaines supplémentaires. Pensez-y dès le début de la grossesse, surtout si vous devez épargner de l'argent pour compenser le manque à gagner (une somme d'argent pourra remplacer des cadeaux de naissance parfois inutiles). Le mieux serait que votre bébé ne reçoive que du lait maternel jusqu'à au moins six mois. C'est une des recommandations de l'OMS et de l'Agence nationale d'accréditation et d'évaluation de la santé (France). S'il vous est impossible d'attendre que votre bébé soit âgé de six mois pour reprendre le travail, sachez que de nombreuses mères nourrissent leur bébé exclusivement de leur lait en le tirant sur le lieu de travail, en le conservant et en le donnant ensuite à la personne chargée de garder leur bébé. Une fois le lait recueilli, vous pouvez le conserver dans un réfrigérateur, puis l'emmener dans un sac isotherme chez vous ou à la crèche ou encore le congeler.

Conservation du lait maternel
- 4 heures à moins de 22° C
- 24 heures dans une glacière réfrigérée
- 5 jours entre 0° C et +4° C
- 2 semaines dans un congélateur à l'intérieur d'un réfrigérateur (-15° C)
- 3 à 6 mois dans un congélateur séparé (-18° C)

Pour décongeler le lait, il est recommandé de ne pas utiliser de four à micro-ondes : passez simplement le glaçon de lait sous un courant d'eau tiède. Il arrive fréquemment qu'une phase crémeuse se constitue au dessus du lait : ce n'est pas inquiétant, votre lait est toujours sain, il devra tout simplement être agité pour être homogénéisé avant d'être donné au bébé.

Le mieux pour votre bébé serait de recevoir ce lait et tout liquide à la tasse ou à la cuillère. Même très petit, un bébé peut se nourrir de cette façon (c'est même ce qui est recommandé pour les prématurés). En fait, la difficulté ici sera de convaincre la ou les personnes qui devront s'occuper de votre bébé. En général habituées au biberon, l'utilisation d'une tasse pourra leur sembler très compliquée (changer une habitude peut représenter une dépense d'énergie considérable). Certains lieux de garde n'acceptent pas de donner du lait maternel aux bébés, il serait, du coup, surprenant qu'ils acceptent de donner quoi que ce soit à la tasse. C'est pour cela que vous devez **choisir votre lieu de garde en fonction de leurs règles de vie** : posez clairement la question de l'allaitement dès la première visite.

S'il ne vous est pas possible de tirer votre lait sur le lieu de travail, et si votre bébé est âgé de moins de six mois, il devra recevoir du lait industriel. La diversification qui autrefois était recommandée à partir de 4 mois, est aujourd'hui retardée à six mois. Là encore, le biberon devrait être évité : le bébé peut être nourri avec une préparation pour nourrissons à la tasse, à la cuillère (il est possible d'épaissir le lait avec de la farine sans gluten).

Les premiers jours de séparation, côté maman

Si vous préparez progressivement l'entrée de votre bébé en crèche ou chez l'assistante maternelle, vous aurez également une adaptation progressive à votre nouvelle situation de femme allaitante au travail et la production de lait pourra elle aussi s'harmoniser avec une nouvelle réalité. Quand vous serez séparés, vous ne pourrez bien sûr pas faire appel à votre bébé pour stimuler et extraire le lait de vos seins. Or ceux-ci risquent d'être engorgés les premiers jours, et vous pourrez en être gênée. Le mieux est pour vous de recueillir votre lait : vous soulagerez vos seins et vous pourrez faire donner votre lait ainsi récolté à votre bébé. Vous pouvez trouver un endroit abrité des regards : en une demi-heure, parfois plus rapidement encore avec un peu d'habitude, vous aurez le temps de recueillir plusieurs dizaines de millilitres de lait. Soit manuellement, en massant vos seins et en activant un réflexe d'éjection. Soit avec un tire-lait que vous pouvez louer ou acheter dans le commerce ou auprès d'associations de soutien à l'allaitement. Il existe de très nombreux modèles, à piston, électrique, des tire-lait doubles qui permettent de tirer du lait des deux seins à la fois (très efficaces). Essayez-les avant auprès des associations qui parfois en prêtent. Vous pouvez vous le faire rembourser sur présentation d'une ordonnance. Même si vous n'envisagez pas de tirer votre lait régulièrement ni de le stocker, vous devrez très certainement le faire au moins les premiers jours pour votre confort personnel : dans ces cas, un massage manuel peut suffire, inutile d'investir dans un tire-lait. Faites-vous expliquer la technique par une animatrice d'association, essayez chez vous au-dessus d'un lavabo. Pour ne pas être gênée par des pertes de lait, prévoyez des coussinets d'allaitement, ou des mouchoirs pliés dans le bonnet du soutien-gorge. En appuyant sur les seins au moment où vous sentez une montée de lait, vous stopperez également un début de réflexe d'éjection. Mais les seins s'adaptent vite, et vous pourrez rapidement passer d'un allaitement à la demande avec des tétées fréquentes 24 h sur 24 le week-end, à des périodes de plusieurs heures sans tétées en semaine.

Poursuivre l'allaitement alors que vous serez séparée de votre bébé de façon fréquente, requiert une **préparation** et une **adaptation**. Ce n'est pas tout à fait aussi simple et naturel que de poursuivre un allaitement avec un bébé à proximité. Il est presque indispensable, si vous reprenez votre travail avant que votre bébé soit âgé de six mois, de vous adresser à une association de soutien à l'allaitement. Elles organisent souvent des réunions spécialement dédiées aux mères qui travaillent, où vous entendrez des témoignages, où vous aurez connaissance de quelques trucs pratiques que seules des mères qui ont vécu ces situations, peuvent donner. Vous préparer plusieurs semaines avant la première séparation vous donnera les meilleures chances possibles.

Les difficultés liées à la séparation

L'une des difficultés les plus souvent rencontrées concerne le refus du bébé : refus du biberon, voire même refus de nourriture quel que soit le mode d'alimentation. Souvenez-vous alors que si votre bébé est allaité à la demande et fréquemment quand il est avec vous, il aura certainement une alimentation satisfaisante. Notre société accepte bien facilement qu'un bébé se satisfasse de quatre ou cinq tétées le jour et passe une nuit de 12 heures sans rien réclamer. Là, c'est presque pareil, au détail près que la nuit et le jour s'interchangent. Les premiers jours, certains bébés attendent 8 heures d'affilée sans rien avaler. Ils tètent ensuite à volonté le soir, la nuit et le matin. Ne vous inquiétez pas : s'il tète efficacement et fréquemment, il recevra tout le lait nécessaire à son développement. Et puis les jours passent, le bébé grandit, finit par s'intéresser à d'autres expériences, et en général, avec un peu de patience, il finira par accepter la compote et le verre de lait ou d'eau, voire même le biberon si c'est votre choix ou celui de la personne qui garde le bébé. Quel que soit l'âge du bébé, vous devrez privilégier l'allaitement au sein quand vous êtes avec lui ; laissez à la crèche ou à l'assistante maternelle les légumes écrasés et les biscuits, seule vous pouvez lui donner votre lait, ne l'oubliez pas.

En fait, bien souvent, l'une des difficultés majeures sera de trouver du soutien efficace dans votre entourage, particulièrement sur le lieu de garde de l'enfant. Ce point est traité dans le chapitre « Vivre en société ».

Et si je dois m'absenter plusieurs jours ?

Faites confiance à vos sentiments. Si vous avez un pincement au cœur à l'idée de quitter votre bébé plusieurs jours, écoutez-vous : il est peut-être trop tôt, pour vous comme pour lui. La première année, il est très courant de ne pas vouloir se séparer de son bébé plus d'une journée. Une solution adaptée si vous devez partir en stage par exemple, sera d'emmener votre bébé avec vous, et de trouver un système de garde sur place. Sinon, il est possible de tirer son lait pour plusieurs jours ; si vous avez fait des stocks, votre bébé pourrait même recevoir du lait maternel.

témoignage

Annie est partie une semaine en vacances avec son mari pour retrouver une vie de couple « normale » alors que leur fils Pierre avait six mois (Pierre était encore allaité). Laissé à la garde de sa grand-mère qu'il connaissait bien, le bébé n'a pas semblé souffrir de l'absence de sa mère. Celle-ci a passé une bonne partie de ces vacances « de rêve » à penser au bébé et à son retour. Ce qu'Annie n'avait pas prévu, c'est qu'au retour, le bébé a refusé, et pour toujours, de téter. Elle s'en souvient encore avec une grande tristesse.

Les dispositions qui favorisent l'allaitement

Depuis la nuit des temps, les femmes ont de multiples activités en dehors de celle qui consiste à s'occuper d'un bébé. Dans de nombreuses sociétés, un temps de réclusion suit la naissance d'un enfant, et la mère se voit épargner les travaux habituels : 40 jours dans les pays du Maghreb, deux ou trois mois en Afrique. Ce temps passé à ne s'occuper que du nouveau-né permet bien évidemment de récupérer après l'accouchement et de bien démarrer l'allaitement. La femme active très impliquée dans sa vie professionnelle et sociale souhaiterait souvent disposer de cette possibilité de faire une pause complète à la naissance d'un bébé. Mais toutes les sociétés ne proposent pas cette facilité. Parfois dès la fin de l'accouchement, la femme se lève, et va au champ, ou au marché, ou au lavoir, ou à son cabinet d'avocat. Chez nous, la particularité vient de ce que le travail de la femme se conçoit presque toujours séparé de son enfant, ce qui n'est pas sans poser un problème pour la poursuite de l'allaitement. Des dispositions permettent de diminuer les effets de la séparation : certaines en la différant après la naissance, d'autres en diminuant leur durée quotidienne.

– différer la reprise du travail

On trouve bien entendu ici le congé de maternité. Renseignez-vous le plus tôt possible des différentes dispositions possibles. Rares mais existant, des congés allaitement peuvent vous permettre de différer la reprise du travail. Certains médecins estiment que l'allaitement est un bénéfice pour la société, en préservant la santé des enfants : ils peuvent prescrire un congé maladie. Un congé post-natal de six mois serait un atout de taille pour préserver l'allaitement : comme on le verra par la suite, c'est vers six mois que la diversification alimentaire peut débuter, et donc l'éventail des options alimentaires s'élargir et permettre plus facilement à une tierce personne de nourrir un bébé. D'autres formules, comme le Congé parental d'éducation (CPE) en France, permettent de prolonger le congé de maternité et de faire une pause dans la vie professionnelle. Renseignez-vous auprès de votre entreprise, des organisations de soutien à l'allaitement et des organismes qui aident les familles (la Protection maternelle et infantile en France, l'Office national de l'enfance en Belgique...). Enfin il est dommage que les femmes ne pensent jamais à emmener leur bébé avec elles, sur leur lieu de travail. Un bébé de moins de 6-8 mois peut souvent rester à côté de sa mère sans que cela n'empêche trop celle-ci de travailler. Bien sûr, il y aura des moments où la mère devra s'interrompre dans son travail, mais c'est une solution envisageable que l'on a tort de négliger. C'est bien de cette façon que dans de nombreux pays, les mères travaillent. Ce serait également un excellent moyen de rappeler à tous les salariés, concernés personnellement ou non par les jeunes enfants, que ceux-ci existent, et qu'ils ont des besoins particuliers. Mettre un peu de « famille » dans le champ du travail pourrait rendre tel directeur des ventes plus sensible aux besoins de ses subordonnés et limiter par exemple la durée des réunions en soirée. La présence des bébés est difficile à imaginer aux caisses des supermarchés ou aux guichets de la poste (et dans ce cas une crèche du personnel serait certainement la solution idéale). Mais dans l'atmosphère calme d'un bureau, pourquoi ne pas accueillir un jeune enfant ?

– diminuer la durée du travail

Vous pouvez bénéficier de la fameuse « heure d'allaitement » : quand le bébé est âgé de moins de un an, sa mère dispose d'une heure pour tirer son lait ou pour faire téter le bébé sur son lieu de travail. Dans certains cas, mais cela dépend d'un accord préalable avec votre employeur, la mère peut utiliser cette disposition pour diminuer la durée de travail journalière. Cette disposition est valable quel que soit le temps de travail de la mère : le Code du travail ne précise rien pour les temps partiels par exemple. Ces dispositions concernent avant tout les salariées du secteur privé, les fonctionnaires et agents des collectivités territoriales se voient souvent refuser cette possibilité, à cause d'une circulaire mal interprétée[8]. En dehors de cette réglementation particulière pour l'allaitement, les parents de jeunes enfants ont le droit de bénéficier d'un temps partiel dans les entreprises de plus de dix salariés. Bien sûr, la réduction du temps de travail est, elle aussi, une avancée sociale qui facilite la conciliation entre vie familiale et vie professionnelle. Et même si beaucoup reste à faire au niveau des lois sociales, appliquons déjà les possibilités à notre disposition. Je rencontre souvent des jeunes femmes qui n'osent pas réclamer leur « heure d'allaitement » ou qui reprennent le tra-

8. Renseignez-vous auprès des associations.

vail un peu plus tôt que ce qu'elles auraient souhaité ou pu, sous la pression de leur collègues ou supérieurs. Il faut savoir, avec stratégie, faire respecter ses droits et les utiliser y compris dans un environnement hostile. Sachons également affirmer avec force l'importance de l'allaitement et de la proximité mère-enfant dans notre cercle familial et amical : ce sont bien souvent nos proches qui sont notre premier soutien.

5. Allaiter au long cours

Vous avez passé les premiers mois, l'allaitement est devenu facile, et vous naviguez sur des eaux à peu près calmes. Soit vous avez déjà repris votre travail, et vous avez pu vous organiser, soit vous vous apprêtez à le faire, mais avec un bébé plus grand, cela vous semble déjà bien plus facile. Pourquoi arrêter alors, quand tout va bien ? C'est souvent l'entourage qui posera des questions : *« mais combien de temps comptes-tu le nourrir ? »*, *« il tète encore, à son âge ? »*. Au-delà des six premiers mois, votre allaitement rejoindra la catégorie des allaitements « longs » (dans notre société), et parfois passera dans la catégorie « curiosités » et autres excentricités. Voilà quelques conseils pour poursuivre sereinement votre route.

Combien de temps cela va durer ?

Deux questions sont souvent posées. Combien de temps dure l'allaitement, d'une part ? Et combien de temps dure l'allaitement avec des tétées fréquentes, d'autre part ? En ce qui concerne la première question, nous devrions déjà essayer de définir une durée d'allaitement naturelle pour l'être humain. L'observation des durées d'allaitement dans de nombreux pays montre qu'il n'existe pratiquement pas de société humaine où les allaitements durent moins d'un an, et que pour un grand nombre de cultures, ils perdurent au-delà de deux ans. L'OMS a ainsi récolté de nombreuses données à travers le monde, et assure qu'un bébé humain sur deux tète au moins dix-huit mois (La Société française de pédiatrie a récemment repris cette recommandation). Cette agence internationale recommande d'allaiter deux ans ou plus. L'Association des médecins généralistes aux États-Unis et l'Académie américaine de pédiatrie encouragent les mères à allaiter au-delà d'un an au moins, en reconnaissant que cet allaitement prolongé a des effets bénéfiques sur l'enfant comme sur sa mère.

Dans les pays où la durée de l'allaitement est très basse pour la plupart des mères quand on la compare aux données précédentes (et c'est le cas chez nous), la réponse la plus juste à donner me semble : « allaitez le plus long-

temps possible ». Contrairement à ce qui est dit par certains psychologues, un allaitement n'est jamais trop long (en dehors de cas exceptionnels).

Revenons à la question de la durée de l'allaitement avec tétées fréquentes. L'évolution de la fréquence des tétées ne suit pas la pente d'une droite linéaire comme nous nous plaisons parfois à le croire. Là où le bébé est allaité à la demande dans une grande proximité avec sa mère, le bébé d'un an tète un tout petit peu moins que le nouveau-né, mais guère moins, et toujours la nuit. Cela devait être également le cas de nos ancêtres, il n'y a pas si longtemps. Alors, ne vous inquiétez pas si vous constatez que votre bébé ne semble pas vouloir diminuer la fréquence des tétées au fur et à mesure qu'il grandit. C'est de toute façon toujours vrai que plus le bébé tète et plus il y a de lait : à un an comme à trois mois. De plus il faut savoir qu'un bébé n'évolue pas de façon linéaire. Dans tous les domaines, les acquisitions et le développement se font plutôt en **dents de scie**, et il y a souvent des régressions. C'est encore plus flagrant quand le bébé est poussé à adopter tel ou tel comportement (c'est vrai pour la propreté, l'apprentissage de la marche, etc.) : les avancées obtenues avec acharnement sont fragiles et les retours en arrière plus fréquents. Dans certaines situations, comme une maladie, une séparation, le bébé peut se mettre à téter plus fréquemment encore. C'est bien, car c'est une réponse adaptée à un stress, quelle que soit sa nature. Mais petit à petit, votre enfant aura moins souvent besoin de téter pour se réconforter ou pour s'alimenter ; au fur et à mesure de son développement, d'autres façons de répondre à ses besoins lui seront possibles. Parfois, sans même vous en rendre compte, le nombre de tétées diminuera. Cela sera sans doute vrai le jour, un peu moins la nuit : les tétées nocturnes, ou qui entourent les périodes de sommeil, sont souvent les dernières à disparaître, et un bambin actif la journée pourra rester très attaché à une tétée d'endormissement. Nos modes de vie ne sont pas les mêmes que ceux des Bembas d'Afrique. Nos maisons, nos vêtements, nos activités, tout diffère, et explique que nos bébés finissent souvent par réduire d'eux-mêmes le nombre des tétées bien avant 4 ou 5 ans. Il arrive aussi que des mères souhaitent diminuer la fréquence des tétées ou arrêter l'allaitement ; c'est tout à fait possible avec un peu d'imagination et beaucoup de tendresse (rendez-vous au chapitre « sevrage »).

Quand et comment diversifier l'alimentation de mon enfant ?

L'idée générale ici est de ne pas considérer les aliments solides comme devant remplacer le sein, mais comme devant apporter des nutriments différents, nécessaires à l'enfant à partir d'un certain âge. Les mères sont souvent inquiètes de savoir quoi proposer à leur bébé au moment de la diversification. Le plus simple est de se baser sur ce que mange la famille. D'une certaine façon, le bébé a déjà goûté à tous ces plats familiaux par l'intermédiaire de votre lait. Il ne sera pas bien difficile alors de passer à des solides qui ont une saveur déjà connue. Laissez-vous guider également par votre bébé : à six mois, il est déjà capable d'attraper des morceaux de pain ou de pomme, de les mettre à la bouche, de les mastiquer. La capacité de mastication du bébé est favorablement exercée par l'allaitement, et à cet âge le bébé aime mettre à la bouche ce qui passe à sa portée. En évitant les plats trop gras ou trop épicés, proposez-lui des choses simples : un bout de tomate, un morceau de fromage, un peu de pomme de terre, de la viande tendre. Le mixer est en fait inutile, de très petits morceaux écrasés à la fourchette sont tout à fait adaptés aux capacités du bébé de six mois. Je me souviens de Marin, le regard avide, me signalant fortement son intérêt pour une part de pizza destinée à un de ses grands frères. Il avait lâché le sein, et bien vite attrapé ce qui allait devenir son premier aliment solide (peut-être pas tout à fait ce qui est conseillé dans les livres de diététique moderne !). Et depuis, c'est toujours un fanatique de pizza.

En ce qui concerne l'âge de la diversification, la rigidité n'est bien sûr pas de mise. Le plus simple, le plus efficace, et sans doute le meilleur pour le développement du bébé, est d'attendre que celui-ci montre de l'intérêt pour les solides. Certains sont prêts à 6 mois, d'autres à 8 mois. Rien ne presse si vous l'allaitez à la demande, le lait maternel reste l'aliment principal la première année. On a vu que dans certains cas, cela pouvait être avant 6 mois : pour un nourrisson séparé de sa mère, proposer des solides peut permettre d'éviter de donner trop souvent le biberon, et peut être alors considéré comme une alternative intéressante.

Mon bébé ne risque-t-il pas de confondre plus tard besoin alimentaire et besoin affectif ?

L'allaitement au sein est un geste spécifique de la petite enfance, avec ses particularités propres. Dès le début de la diversification, souvent à partir de six mois, le bébé mangera des solides, en général au moment des repas, pour satisfaire son appétit et sa curiosité. Le lait maternel prendra moins de place et les solides représenteront progressivement la part essentielle de l'alimentation. De la même manière, le bébé développera des comportements relationnels et affectifs en dehors de l'allaitement : être caressé, porté, embrassé, consolé par des paroles tendres. En même temps, son père, ses frères et sœurs, sa famille et l'entourage prendront de plus en plus d'importance : même s'ils étaient déjà là et nécessaires dès le début, leur rôle se renforce. Ne vous inquiétez pas, tout se fait le plus souvent sans intervention de votre part : il vous suffit d'accompagner le développement « naturel » de votre enfant, sans chercher perpétuellement à anticiper. Je ne connais pas de bébé allaité à la demande qui ait développé de confusion autour de l'alimentation.

Allaiter un bambin

Un bambin d'un an n'a plus grand chose à voir avec un nouveau-né. Au lieu de se tenir immobile contre vous en tétant avec application, il se tournera dans tous les sens, attrapera votre stylo, se mettra debout, cherchera l'autre sein de sa main, vous demandera de téter haut et fort, bref mettra l'allaitement au diapason de son âge. Peut-être que des limites devront être mises, des négociations menées, des explications données : il ne s'agit plus d'un nourrisson mais d'un jeune enfant capable d'attendre un peu, et de trouver d'autres centres d'intérêt. La relation autour de l'allaitement évoluera naturellement comme la relation plus globale entre la mère et son enfant. Là aussi, ne craignez pas que l'allaitement obère le développement de votre enfant : au contraire, il s'inscrira dans le mouvement des mois et des années qui passent, sa place changera, ses fonctions évolueront. Comme nous ne connaissons bien souvent que des nouveau-nés allaités, nous imaginons que le bambin tète comme un tout petit bébé. Alors que cela n'a rien à voir.

Le sevrage

Le terme sevrage a de nombreuses significations toutes reliées à la terminaison de l'allaitement. Il peut s'agir de la fin de l'allaitement (moment à partir duquel l'enfant ne tète plus du tout), de la période qui débute à la fin de l'allaitement exclusif et qui se termine à la fin complète de l'allaitement, mais aussi de l'ensemble des actes de l'entourage du bébé qui ont comme finalité la fin de l'allaitement. Les sociétés humaines se sont toutes appropriées la fin de l'allaitement qui a donc toujours une tonalité culturelle marquée. Le sevrage naturel est sans doute peu pratiqué. Nous avons vu qu'il est difficile d'établir une durée naturelle de l'allaitement. D'après l'observation de plusieurs cultures humaines, il semble que la fin de l'allaitement soit pilotée et par la mère et par le bébé. Celui-ci réclame moins le sein, et celle-ci lui accorde moins la possibilité de téter. Le rôle de la mère peut aller de l'absence de proposition (c'est l'enfant qui réclame), à une réponse moins alerte ou différée devant sa demande, jusqu'au refus dans certaines circonstances (en public, devant une petite contrariété), voire à une mise à distance, comme dans certaines régions africaines.

Si nos psychologues sont souvent démunis face au sevrage de bébés allaités fréquemment à proximité de leur mère, ils semblent néanmoins tous d'accord pour éviter de traumatiser l'enfant. Le sevrage ne devrait **pas être violent**, et la mère doit s'adapter à son enfant, à ses besoins et aux situations

individuelles, car chaque bébé est différent. Si la mère est décidée à sevrer son bébé, elle pourra **compenser cette perte de mode relationnel par d'autres modes** : par exemple remplacer la tétée d'endormissement par une lecture, un jeu calme, une présence rassurante. Un enfant d'un an peut tout à fait préférer un biscuit, un fruit, à une tétée, si cela est tendrement proposé. Plus l'enfant est grand, plus il comprendra facilement la volonté de sa mère : il est toujours utile de lui expliquer ce qui se passe, y compris et surtout quand des difficultés surgissent. Chez nous, une inquiétude réelle face aux allaitements longs fait craindre que le bébé ne se sèvre jamais de lui-même. Mais cela n'arrive jamais, même si certains mettent, quand ils sont laissés libres de décider eux-mêmes, plus de temps que d'autres à quitter le sein. Également, certaines mères auront du mal à abandonner l'allaitement, par exemple quand il s'agit d'un dernier bébé. C'est bien normal d'éprouver une certaine difficulté à se passer d'une relation intime si forte. La fin de l'allaitement signe une étape, nous rappelle que la roue tourne. Nous ne sommes pas scandalisés par ces hommes qui se jettent sur les pilules bleues de Viagra ni par ces femmes qui s'injectent une quantité impressionnante de produits sous la peau pour retarder les effets du vieillissement. Acceptons alors qu'une mère éprouve des difficultés à sevrer son enfant, voire retarde ce sevrage. Il n'y a pas grand risque, ni pour la mère, ni pour le bébé. C'est curieux comme des psychologues s'émeuvent de bébés qui sont soi-disant empêchés de grandir et allaités trop longtemps et restent silencieux face à ces nouveau-nés, bien plus nombreux, sevrés sans ménagement dès la naissance.

Et si le sevrage doit être précoce et rapide ? Les indications d'un tel sevrage restent très rares ; il peut s'agir d'une maladie de la mère justifiant l'utilisation de médicaments incompatibles avec l'allaitement (certains cancers par exemple), d'une séparation inévitable. Dans ces cas, si votre enfant a moins de six mois, il faudra utiliser une préparation pour nourrissons qui se substituera au lait maternel. À partir de six mois, vous proposerez également des solides à votre bébé.

6. Et si vous aviez, malgré tout, des difficultés

On a vu que la plus grande part des difficultés rencontrées par les mères occidentales sont le fruit d'une connaissance insuffisante de la pratique habituelle de l'allaitement. Aussi, devant tout problème, et avant de tenter quoi que ce soit, si vous sentez que quelque chose ne va pas, posez-vous d'abord ces questions : les tétées sont-elles fréquentes ? Votre bébé reste-t-il à vos côtés jour et nuit ? Lui donnez-vous des biberons ou une sucette ? Si ce n'est pas déjà le cas, revenez à un allaitement sans interférences. Enfin voici quelques éléments de réponse concernant les difficultés les plus fréquentes.

Les crevasses

La douleur engendrée par des blessures au niveau du mamelon ou de l'aréole peut rendre l'allaitement très difficile pour la mère, voire insupportable. La mère redoute les mises au sein, et quelle que soit sa bonne volonté, diffère la tétée, l'écourte, et diminue de fait la stimulation des seins et donc la production de lait. Les problèmes de mamelons douloureux arrivent en général en début d'allaitement. Ils sont très souvent dus à une **stimulation incorrecte** des seins : le bébé vous blesse car il ne tète pas correctement. Veillez à ce qu'il ouvre bien grand la bouche quand vous l'approchez du sein, et à ce qu'il prenne une large bouchée de sein. Quand il est bien positionné, le bébé a sa lèvre inférieure très éloignée de la base du mamelon, la lèvre supérieure étant elle moins éloignée. La langue du bébé se place naturellement sous le mamelon. La bouche fait ventouse, ne laisse pas passer d'air. Les lèvres sont retroussées et plutôt relâchées (elles ne doivent pas pincer le sein). Une fois que vous avez vérifié que tous ces éléments étaient en place, si la douleur persiste, vous pouvez changer de position au sein, en prenant par exemple votre bébé en position « ballon de rugby » : vous le présentez en position classique, par exemple pour téter le sein gauche, mais au lieu de cela, vous lui proposez le sein droit. Le corps de votre bébé sera donc contre votre côté droit, les pieds dans votre dos.

Certaines crèmes peuvent avoir un effet cicatrisant, comme la crème Lansinoh (lanoline purifiée), mais il est impératif avant toute chose de diagnostiquer la cause de vos douleurs, et d'y remédier sans tarder. Il arrive que le bébé ait un problème de succion : frein de langue trop court, malformation, … Une consultation spécialisée sera alors nécessaire.

Attention : les tout premiers jours, il est tout à fait possible que les tétées soient désagréables. L'équilibre hormonal explique cette sensation au moment des tétées (c'est le cas aussi durant la grossesse : si vous avez un enfant qui tète encore, vous remarquerez une sensibilité accrue des seins, due au bouleversement hormonal). Tant qu'il n'y a pas réellement de douleur, et en l'absence de lésions, ne vous inquiétez pas : en quelques jours, ces sensations disparaissent.

Les engorgements

C'est typiquement le problème qui ne devrait pas se rencontrer si le bébé tète fréquemment. Mais il peut arriver qu'un bébé soit peu pressé de téter, ou refuse même brutalement de le faire. Dans ce cas, vos seins auront tendance à s'engorger : ils semblent très gonflés, parfois douloureux ; dans certains cas vous pourrez même avoir de la fièvre ; le bébé peut avoir des difficultés à prendre le sein. En première intention, il faut essayer de faire téter le bébé. Si ce n'est pas possible (soit parce qu'il ne se montre pas intéressé, soit parce que les seins sont tellement tendus qu'il n'y arrive pas), massez vos seins jusqu'à ressentir un début de soulagement. Une application de glace, qui décongestionne, peut s'avérer efficace.

Attention, les premiers jours et les premières semaines, l'allaitement est dans sa phase de mise en route : il est normal que vous sentiez parfois des montées de lait qui gonflent vos seins, que ceux-ci soient assez rapidement tendus. Tant que vous ne souffrez pas, que le bébé arrive à bien prendre le sein, ne vous inquiétez pas. Au fur et à mesure que les semaines passent, les seins seront plus souples et vous n'aurez cette sensation de seins tendus qu'après un moment un peu plus long entre deux tétées.

Le refus de téter

Il peut arriver que le bébé refuse de téter, soit les deux seins, soit un seul sein (toujours le même). Dans le cas d'un bébé qui se montre peu empressé à téter, et si cela arrive peu de temps après la naissance, cela peut être la conséquence des anesthésiques utilisés lors de l'accouchement, ou des circonstances de ce dernier. Certains bébés sont plus paresseux que d'autres, plus lents à s'éveiller. Ceux-là ont particulièrement besoin de la proximité avec leur mère : il faudrait appliquer la méthode « kangourou » sud-américaine (voir p. 50). Forcer le bébé ne servirait à rien. Si vraiment la situation per-

dure, il sera peut-être nécessaire de donner votre lait autrement : à la tasse, à la cuillère, …

Il arrive que cette grève de la tétée s'installe brutalement, alors que le bébé tétait convenablement. La mère doit faire preuve de **patience**. Essayez de faire téter votre bébé quand il est endormi : le réflexe de succion ne s'oublie pas en quelques jours, et il peut redonner à votre bébé le goût du sein. Certains bébés boudent un sein : quand ils sont petits, il est préférable d'essayer de faire en sorte qu'ils le tètent. Vous pouvez essayer de modifier la position du bébé : s'il accepte de téter le sein gauche et refuse le droit, présentez celui-ci comme si vous vouliez lui faire téter le sein gauche, et, en le maintenant dans cette position, mettez-le au sein droit. Quand l'enfant est plus grand (18 mois, 2 ans), parfois avant, il manifestera une préférence marquée pour un sein, et pourra même la signifier verbalement. Il se peut qu'un sein soit plus productif que l'autre : dans ce cas, et si cela vous convient, n'insistez pas, un seul sein suffira amplement.

Le bébé ne grossit pas suffisamment

Si le poids ne doit pas être le seul critère d'évaluation de la croissance du bébé, il reste un indicateur essentiel de son développement. En début de vie, tous les êtres humains grossissent et grandissent. Il y a des différences individuelles bien sûr, mais le schéma de développement global reste universel. Les jours qui suivent la naissance, il arrive fréquemment que le bébé perde un peu de poids. Il se met ensuite à grossir grâce au lait produit en plus grande quantité. Il paraît raisonnable, surtout pour un premier bébé et pour des mères qui ne bénéficient pas d'un entourage expérimenté et attentif, de faire peser son bébé une fois par semaine le premier mois. Les trois premiers mois, le bébé devrait prendre environ 115 à 225 g par semaine, calculé à partir du poids le plus bas (et non du poids de naissance). À partir du quatrième mois, la croissance ralentit, et de façon plus marquée semble-t-il chez les bébés allaités que chez les bébés nourris au biberon. Nos courbes de référence sont malheureusement élaborées à partir d'échantillons de bébés nourris au biberon (des courbes de références pour des bébés allaités sont en cours d'élaboration par l'OMS).

Si vous êtes inquiète, il est prudent de prendre rendez-vous avec un spécialiste en allaitement. En attendant la consultation, mettez en pratique ce qui suit :

- Faites téter votre bébé fréquemment, au moins toutes les deux heures, y compris la nuit.
- Faites dormir votre bébé dans votre chambre, ou mieux, dans votre lit.

- Utilisez un dispositif de portage qui permet de donner facilement le sein : votre contact stimulera le bébé.
- Faites des siestes contre votre bébé, le sein a disposition.
- Faites attention à la façon dont votre bébé prend le sein ; essayez de trouver les positions qui lui permettent de téter le plus efficacement possible.
- Limitez au maximum les tétines artificielles.
- Inspirez-vous de la méthode Kangourou (voir p. 50).
- Tenez un agenda en notant le début et la fin des tétées pendant quelques jours, vous le montrerez à la consultation.

Il est possible qu'au moment de la consultation tout soit rentré dans l'ordre. Vous n'aurez alors plus qu'à poursuivre sur cette voie. Si le bébé semble toujours prendre peu ou pas de poids, voilà ce que fera probablement le spécialiste en allaitement :

- Un bilan de votre situation : l'histoire de votre accouchement, les débuts de l'allaitement, d'autres facteurs liés à votre bébé, à vous, à son père, etc.
- Une évaluation soigneuse de la succion du bébé. Entendre des bruits de déglutition, voir une oreille bouger, n'est pas toujours suffisant pour attester de l'efficacité d'une tétée.
- Vous proposer de compresser votre sein pendant la tétée. Cette méthode développée par Jack Newman, pédiatre canadien spécialiste de l'allaitement, permet à des bébés peu toniques de recevoir plus de lait. En mettant la main autour de votre sein, en C, le pouce en haut, le reste des doigts supportant le sein, à deux-trois centimètres de l'aréole, vous compressez votre sein doucement mais fermement au moment des tétées pour que le lait gicle dans la bouche du bébé avec moins d'efforts de la part de ce dernier.
- Il passera en revue les possibles facteurs maternels qui peuvent intervenir, comme la prise d'une pilule contraceptive, une chirurgie mammaire antérieure.

Il peut cependant arriver qu'il soit nécessaire de donner des compléments à un bébé. Un bébé allaité qui doit recevoir des suppléments devrait se voir offrir en premier lieu le lait de sa mère, qu'elle pourra recueillir par massage par exemple. Si ce n'est pas possible, une préparation pour nourrisson sera utilisée. Ce lait devrait être de préférence donné grâce à un Dispositif d'aide à la lactation (DAL), en fait un récipient contenant du lait, dans lequel plonge un fin tuyau que l'on scotche de l'autre côté sur le sein de la mère, pour déboucher au niveau du mamelon. Quand il tète, le bébé reçoit alors du lait de ce récipient en plus du lait du sein. Ce dispositif a le mérite de mettre toujours le bébé dans une situation d'allaitement au sein, ce qui a un effet très favorable pour stimuler la lactation, mais aussi un effet psychologique déterminant. Si un autre dispositif est utilisé (une alimentation à la tasse par exemple), l'objectif reste de favoriser la production de lait, et donc les mises au sein. Dans la plupart des cas, ces mesures seront transitoires, et la mère pourra reprendre un allaitement « naturel ». Il arrive cependant que le bébé doive toujours recevoir du lait en complément. Certaines mères ont ainsi allaité leur bébé avec une grande satisfaction en utilisant très longtemps ces dispositifs (par exemple des mères d'enfants adoptés, ou des mères ayant subi une chirurgie mammaire invalidante).

Trop de lait, réflexe d'éjection très puissant

Ces deux symptômes sont souvent associés. La mère a l'impression d'avoir beaucoup de lait : des pertes abondantes entre les tétées, des litres de lait exprimés avec une facilité déconcertante et qui font le bonheur des lactariums, un bébé qui réclame peu souvent et tète longtemps, voilà pour les symptômes plutôt agréables ; mais cela peut être aussi un bébé qui n'apprécie pas les tétées et qui rejette même le sein, des selles vertes et mousseuses, des seins souvent engorgés. La mère a l'impression de ne pas vider complètement ses seins, et que le bébé pourrait téter deux fois plus de lait. Si certains bébés ont des problèmes digestifs, on pense que cela peut être dû au fait de ne pas avoir suffisamment de lait de fin de tétée, riche en graisses. Certaines femmes auront pendant plusieurs mois des seins tendus, avec l'impression d'avoir beaucoup de lait. Je ne suis pas certaine que ces cas de figure se rencontrent souvent chez les femmes qui allaitent très souvent. La solution classique proposée dans ce cas est de ne donner qu'un seul sein par tétée, voire même plusieurs fois le même sein (et si nécessaire de soulager l'autre sein en exprimant du lait). Cette solution va à l'encontre des tétées fréquentes, elle s'applique en général à des femmes qui allaitent déjà peu souvent (moins de dix fois par 24 heures). On sait par ailleurs que la composition du lait de femmes qui allaitent très fréquemment évolue plus rapidement au cours des tétées qui sont également beaucoup plus courtes, et que la distinction entre « lait de début de tétée » et « lait de fin de tétée » est beaucoup moins marquée. Que donnerait alors la technique inverse, consistant à faire téter le bébé très souvent mais peu de temps, un lait qui serait de ce fait plus rapidement riche en graisse ? Si vous avez un réflexe d'éjection trop puissant (vous le vérifiez facilement en initiant un flux de lait manuellement : un jet de plusieurs mètres est alors un symptôme parlant), vous pouvez proposer le sein à votre bébé après quelques minutes d'extraction manuelle, quand le flux est moins fort. Également essayez d'allaiter allongée sur le dos, le bébé posé sur votre ventre (la gravité vous aidera). Ce problème se résout en général avec le temps, mais doit être pris au sérieux, et ne pas être confondu avec un manque de lait : dans les deux cas, le bébé pleure au sein, et certaines mères ne réalisent pas l'origine de leur difficulté.

Mon bébé pleure très souvent

Bien souvent dans notre pays, la mère pensera en premier lieu ne pas avoir suffisamment de lait. Cela peut bien sûr être le cas, mais c'est rare pour les bébés allaités fréquemment. Dans tous les cas, les pleurs ne devraient jamais être l'unique critère qui autorise ce diagnostic. Si le « manque de lait » est écarté, c'est du côté de la proximité que l'on peut chercher à améliorer la situation. Certains bébés ont besoin d'être en contact quasi-permanent avec quelqu'un. Bien souvent, c'est la mère qui portera son bébé et dormira avec. Mais le relais peut être pris par le père, et également d'autres adultes ou grands enfants de l'entourage. Il arrive que la mère ressente le besoin de laisser le bébé quelques minutes (peu de temps suffit souvent pour recharger ses batteries), et le soutien de l'entourage sera alors le bienvenu. Certains bébés aiment particulièrement les mouvements, les vibrations ou les bruits répétitifs. Passer l'aspirateur peut calmer un bébé énervé ; faire un tour en voiture endort souvent les nourrissons. C'est l'occasion de sortir en emmenant son bébé : se promener, faire des courses, voir des amies. En fait, plus qu'avec des bébés moins exigeants, mener une vie d'adulte avec un bébé qui pleure souvent est tout à fait recommandé. Il faut savoir aussi que c'est un moment qui passe le plus souvent, vers quatre mois, les bébés s'apaisent sans que l'on sache comment. Coliques (voir plus loin) ? Immaturité ? Nous en sommes souvent réduits à essayer, au jour le jour, de faire avec et de passer le cap. **Rester à proximité** de son bébé est souvent la meilleure solution.

Les tétées trop fréquentes

Il peut arriver qu'une mère soit débordée par la demande de son bébé. Mais on ne peut réellement parler de tétées trop fréquentes que si le bébé passe énormément de temps au sein : comme vous avez pu le comprendre, un nourrisson qui tète 10, 12, 15 fois par 24 h, est tout à fait normal. La question se pose si la mère en souffre, et que, par exemple, alors qu'elle dort avec son bébé, elle n'arrive pas à se reposer. La fatigue excessive est un signal d'alarme qu'il ne faut jamais négliger. Si vous attendez des conseils de certaines personnes ressource, vous pouvez tenir un agenda et noter toutes les tétées pendant deux jours (48 heures).

Selon l'âge de votre bébé, vous aurez plusieurs solutions.

- Si votre bébé a moins de six mois, il ne devrait recevoir que du lait maternel. Normalement, si elles sont fréquentes, les tétées devraient être courtes. Si votre bébé de quatre mois passe au sein 6 heures par 24 heures et que cela ne vous convient pas, vous pouvez essayer de rendre les tétées plus efficaces (inspirez-vous de la liste p. 44). Pour faciliter votre repos, n'oubliez pas que dormir contre son bébé est la façon la plus facile de se reposer tout en allaitant (voir chapitre 2). Dans la journée, l'utilisation d'un dispositif de portage peut être d'un secours inestimable (voir chapitre 3).

- À partir de six mois, vous pouvez proposer des aliments solides à votre bébé, ce qui s'accompagne, si vous le souhaitez, de la baisse du nombre des tétées. N'oubliez pas cependant que le lait maternel devrait rester une partie importante de l'alimentation du bébé au moins jusqu'à la deuxième année, et que téter a de nombreuses autres fonctions. Certains bébés ont plus besoin que d'autres de téter, soit pour avoir du lait, soit pour être apaisés, soit pour toute autre raison légitime.

Si vous êtes inquiète, ou très fatiguée, ou déprimée, cherchez rapidement du soutien autour de vous. L'aide d'une consultante en lactation sera peut-être nécessaire pour examiner ensemble la situation. Les associations de soutien à l'allaitement sont également des aides précieuses dans les périodes plus difficiles. Pour les tétées nocturnes, je vous invite à lire le chapitre sur le sommeil, puis de lire la question « Et si je souhaite diminuer le nombre de tétées nocturnes ? ».

La mastite

Cette affection locale du sein peut être très douloureuse : une plaque rouge, souvent en forme de fer à cheval, apparaît sur le sein ; la mère peut avoir de la fièvre et des courbatures (on parle de syndrome grippal). Le plus souvent, la mastite disparaît aussi vite qu'elle est venue, à condition pour la mère de se reposer avec son bébé à ses côtés, et de le faire téter souvent, surtout du côté atteint. Il n'y aurait rien de pire que d'ajouter à la mastite le traumatisme d'un engorgement en interrompant les tétées du côté atteint. En 48 heures, la situation doit s'être franchement améliorée. Sinon il est préférable de consulter un médecin, car la mastite peut alors signaler un foyer infectieux et nécessiter un traitement médical qui, en aucun cas, ne doit conduire à une suspension de l'allaitement (des traitements compatibles avec l'allaitement existent).

La candidose mammaire

Certaines douleurs internes, parfois lancinantes, qui font penser à des brûlures et qui perdurent en dehors des tétées, résultent d'une infection à un champignon, bien souvent le Candida albicans. Il arrive qu'en même temps, le bébé souffre d'érythème fessier ou de muguet (mais pas toujours). Il faudra traiter la mère et l'enfant. Plusieurs traitements existent, qui vous seront proposés par un spécialiste (des applications locales ou des traitements de fond). Parfois certains traitements échouent, un tâtonnement est alors nécessaire avant de trouver la potion miracle qu'il faudra utiliser avec soin et sur une certaine période : violet de gentiane, fluconazole, …

Les douleurs abdominales ou coliques

Beaucoup de choses ont été écrites sur les coliques. Voilà l'exemple même du terme générique, très largement utilisé pour décrire un ensemble de symptômes, sans véritablement de causes définies : des pleurs aigus qui surviennent souvent brutalement, plutôt après une tétée ; des émissions de gaz ; un bébé qui replie ses jambes sur son abdomen (mais ils le font souvent de façon habituelle)… Il arrive que vous puissiez repérer dans votre alimentation un aliment qui, présent dans votre lait, même en très petite quantité, peut être responsable des pleurs du bébé : lait de vache, arachide, sucre, graisse, etc. Il n'est pas toujours aisé de trouver le coupable, si coupable il y a. Si vous l'avez déterminé, son éviction de votre alimentation devrait, en quelques jours au plus, améliorer la situation. Si ce n'est pas le cas, ce n'est pas le bon client. Parfois, il suffit de vous remémorer vos derniers repas et faire le lien avec des épisodes de pleurs (surtout valable pour les aliments que vous consommez peu souvent). Sinon, certains massages du ventre du bébé semblent apporter un soulagement. Comme de le porter dans certaines positions (allongé sur l'avant-bras). Là encore, bien souvent, on tâtonne jusqu'à trouver un truc qui semble marcher … quelques jours.

D'une façon générale, quand vous êtes inquiètes pour votre bébé, n'hésitez jamais à consulter un professionnel de la santé. Il est parfois difficile d'être assurée de trouver facilement un professionnel compétent en matière d'allaitement. Interrogez votre réseau de soutien (amies, associations, contacts positifs à la maternité, …) pour dénicher la ressource adaptée. N'oubliez pas également que la pratique de l'allaitement maternel n'est pas une science exacte : beaucoup de remèdes sont hérités de coutumes locales sans fondement théorique, ce qui ne les empêche d'ailleurs pas d'être parfois efficaces, parfois pas. Laissez-vous aller à vos intuitions, et n'attendez pas la perfection : l'allaitement est vivant, donc imprévisible, et pas toujours simple ni facile.

Allaiter un bébé qui éprouve certaines difficultés

Votre bébé peut ne pas bénéficier de tout le potentiel humain habituel. C'est le cas d'un bébé prématuré, handicapé ou malade, par exemple. Dans tous ces cas fort divers le point commun sera la faiblesse du bébé : un bébé trisomique sera moins dynamique au sein ; un bébé malade est souvent fatigué, un bébé prématuré également. Là plus qu'ailleurs, la proximité et la fréquence des tétées seront indispensables à la réussite de l'allaitement.

En Amérique du sud, une méthode, appelée « soins mère-Kangourou » a été mise au point et développée pour les prématurés.

- La mère se déshabille jusqu'à la taille.
- Le nouveau-né, nu à l'exception d'une couche, est placé sur le ventre de sa mère, la tête entre les seins, les jambes fléchies et écartées (un peu comme une grenouille) ; ils sont entourés d'un premier drap, puis d'une chemise.
- Le bébé reste dans cette position 24 h sur 24, y compris la nuit.
- Pour dormir, la mère se place en position semi-assise pour que le bébé ne se retrouve jamais en position allongée, afin de favoriser sa respiration.
- La mère stimule son bébé pour qu'il tète au moins toutes les deux heures, la nuit comme le jour.

Nous sommes là bien loin de nos unités Kangourou à l'occidentale, avec leurs séances de peau à peau minutées.

Les bébés malades ont souvent besoin de beaucoup téter, et peuvent littéralement passer leur journée au sein. C'est tout à fait normal et bénéfique, y compris pour des bambins qui habituellement oublient parfois de téter dans la journée, car le lait contient alors des anticorps utiles pour lutter contre la maladie. Le fait qu'un bébé soit suffisamment malade pour téter avec difficulté ou ne pas réclamer du tout le sein est un signe qui devrait alerter les parents. Enfin, pour les bébés qui souffrent de handicaps, par exemple les bébés trisomiques, ou ceux porteurs d'une fente palatine, une attention vigilante de la part de la mère sera nécessaire pour mener à bien l'allaitement, notamment en ce qui concerne la position du bébé au sein (les bébés trisomiques éprouvent des difficultés pour prendre efficacement le sein, leur prise en bouche n'est pas toujours spontanément adéquate).

Pour tous ces bébés, l'allaitement est encore plus important. Mettre toutes les chances de son côté n'est pas seulement une figure de style. Ce serait dommage de ne pas profiter de tout ce que peut apporter l'allaitement : santé, croissance, et surtout relation mère-bébé épanouie. Or on sait bien aujourd'hui que ces bébés qui pourraient aller mieux renvoient à leur mère une image difficile à intégrer de façon positive : son narcissisme touché de plein fouet, il arrive que la mère réagisse en s'écartant du bébé. Restaurer une relation épanouie est sans nul doute le bénéfice le plus marquant de l'allaitement.

Les jours sans

Dans chaque famille, pour chaque enfant, pour chaque parent, il y a des jours avec, et il y a des jours sans. Et parfois même, il y a des jours sans, particulièrement en ce qui concerne l'allaitement. Cela peut être un bébé qui tète beaucoup plus souvent que normalement (ce qui, dans le cas d'un allaitement à la demande, veut dire qu'il tète tout le temps) ; ou au contraire qui refuse de téter ; ou qui semble insatisfait après la tétée ; ou qui vous fait mal. Cela peut être aussi une belle-mère qui vient de vous lancer un *« tiens, tu devrais lui donner un peu de pain au lieu de le mettre toujours au sein »*, un regard oblique de votre père, un compagnon qui trouve que cela dure un peu trop longtemps, un commentaire peu sympathique au square. Comme vous vivez votre maternage d'une manière qui aujourd'hui est encore plutôt insolite, dans nos sociétés, vous aurez forcément l'occasion de rencontrer le doute, notamment en ce qui concerne l'allaitement. Dans ces cas-là, posez-vous la question : serait-ce vraiment plus facile si votre bébé n'était pas allaité ? De quoi avez-vous vraiment envie ? Est-ce que le plaisir d'allaiter votre bébé ne justifie pas quelques moments moins agréables que d'habitude ? Allaiter est un geste banal, il arrive donc que cela ne se passe pas toujours aussi bien que souhaité. Accepter les bas comme les hauts, c'est redonner à l'allaitement son caractère **naturel**, donc **irrégulier, inconstant, vivant**. Ne vous découragez pas au moindre incident et remémorez-vous alors le dernier sourire de votre enfant, le dernier encouragement d'une amie ou de votre compagnon : vous êtes sur le bon chemin, continuez même quand cela monte un peu.

Le sevrage de mes enfants

expérience

Je ne peux réellement parler de sevrage désiré de ma part que pour mes deux derniers enfants. Thomas et Clément ont fini par préférer le biberon au sein ; Mathilde également (mais plus tard, vers un an) ; Maxime et moi nous sommes sevrés l'un de l'autre essentiellement par conformisme.

Pour Camille, cela a été la grossesse de son frère qui a déclenché chez moi la volonté de la sevrer, car je prenais moins de plaisir à lui donner le sein. De son côté, elle s'est mise à téter moins fréquemment, sans doute à cause du lait qui se modifiait. De plus, je ne souhaitais pas m'engager dans un co-allaitement, sans doute en grande partie parce que je ne ressentais pas chez ma fille de besoin réel de téter, et que je préférais consacrer mes seins à mon nouveau bébé. Elle s'est arrêtée, très calmement de prendre le sein : la dernière tétée s'est déroulée durant la nuit précédant la naissance de Marin. Elle a ensuite voulu goûter une fois le lait à mon retour de la maternité, et cela a été terminé. Bien sûr, nous avons fait de nombreux câlins pour compenser ce qui restait tout de même pour elle comme pour moi une perte.

Pour Marin, le sevrage a également débuté avec une nouvelle grossesse : les tétées devenaient très désagréables pour moi (de façon plus marquée encore que pour la précédente grossesse), et je l'ai patiemment invité à trouver d'autres moyens pour être apaisé. Le jour, cela se passait bien, là encore le goût du lait modifié devait y être pour quelque chose. Mais il avait encore besoin de téter pour s'endormir quand j'étais là.

Il avait alors deux ans et demi : il lui arrivait souvent de ne plus faire la sieste, seules restaient alors les tétées nocturnes. À chaque fois qu'il réclamait le sein, je lui répondais d'abord « non ». Jusqu'à ce qu'il accepte autre chose (des caresses sur le dos, que nous appelions des « câlins »), ou qu'il réclame vraiment haut et fort le sein (je n'ai jamais pu refuser une tétée à un de mes enfants, et encore moins les laisser pleurer pour cela). Dans ce cas, je le laissais téter, mais le moins longtemps possible. Souvent, pour écourter la tétée, je lui demandais « on fait un câlin ? », et il était le plus souvent d'accord. Ainsi, de nuit en nuit, les tétées ont diminué, puis ce fut une tétée toutes les deux-trois nuits, puis plus du tout. Il avait alors tout juste trois ans.

L'essentiel pour réussir son allaitement

- *Allaitez fréquemment : pour apaiser le bébé, se faire des câlins, s'accrocher l'un à l'autre, s'endormir ou l'endormir… ou pour une simple envie de donner le sein. C'est la meilleure façon d'avoir beaucoup de lait.*
- *Oubliez le biberon, les compléments et les sucettes : ils ne sont jamais les amis de l'allaitement.*
- *Utilisez des dispositifs de portage adaptés qui permettent d'être active avec le bébé contre soi.*
- *Entourez-vous de personnes expérimentées ou qualifiées, surtout pour un premier bébé.*
- *Préparez votre reprise du travail : informez-vous de vos droits, organisez la garde de votre bébé, entraînez-vous pour tirer du lait et faites des stocks de lait.*
- *Quand vous êtes séparée de votre bébé, allaitez autant que possible, par exemple la nuit en dormant auprès de lui.*
- *Si votre bébé reçoit des biberons de complément sur son lieu de garde, n'en utilisez par vous-même.*
- *Trouvez un système de garde qui tienne compte de l'allaitement de votre enfant.*

Chapitre 2

Dormir auprès de son bébé

La première fois que j'ai eu mes règles, j'ai trouvé que changer des garnitures périodiques en pleine nuit était suffisamment pénible pour que la Nature ait sûrement prévu que le flux sanguin s'interrompe une fois le soleil couché. J'ai bien entendu dû me rendre à l'évidence dès la première nuit que la physiologie humaine tenait assez peu compte de mes souhaits de confort moderne. Pour l'allaitement maternel, les jeunes mères ont souvent le même genre de révélation et elles découvrent parfois avec étonnement que le transfert de lait entre une mère et son bébé tout comme leur besoin mutuel de sécurité et de réconfort ne s'interrompt pas la nuit. Cela se traduit par des seins qui continuent de fabriquer du lait et des bébés qui continuent de réclamer le sein entre le coucher et le lever du soleil. Si le jour l'allaitement devra s'intégrer à l'activité de la mère, la nuit il devra s'adapter à son sommeil. D'une façon plus générale, le sommeil de la mère devra tenir compte de la naissance de son enfant et de ses nouvelles fonctions maternelles. Or être une mère la nuit, que l'on allaite ou pas, semble poser à nos contemporains de nombreux problèmes qui sont l'une des causes principales de consultations de spécialistes de la petite enfance de nos jours. Ceux-ci, dans leur majorité, ne connaissent qu'une seule réponse : pour préserver le sommeil des parents, il faut apprendre au bébé à dormir seul. À grand renfort de

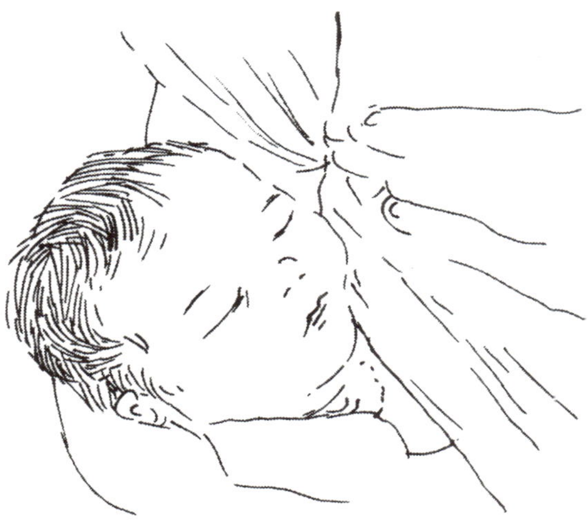

séances éducatives, de volonté et d'énergie, les parents sont sommés de réussir une mission bien difficile : faire en sorte que leur bébé dorme seul et d'une traite 10 heures consécutives toutes les nuits à partir de quatre mois. Pourtant, faire dormir son bébé semble d'une facilité déconcertante dans la plupart des sociétés humaines qui se montrent accueillantes pour leur bébé durant la nuit, et bien des parents chez nous aussi finissent par laisser leur enfant finir la nuit dans leur lit.

Votre bébé de six mois vous réveille la nuit ? Vous rêvez de dormir sans être obligée d'éloigner votre bébé hurleur à l'étage ? Vous regrettez la douceur des câlins autorisés le jour mais interdits la nuit ? Vous souhaitez faciliter les tétées nocturnes ? Alors ces lignes sont pour vous.

Mes expériences nocturnes

expérience

J'ai passé de mauvaises nuits avec mes deux premiers enfants : ils s'endormaient difficilement, se réveillaient la nuit fréquemment. Je les rendormais en les berçant dans leur lit, en les prenant dans mes bras, en restant à leurs côtés. Pour Mathilde et Maxime, les choses étaient plus simples, car l'allaitement me permettait de les apaiser rapidement : ils se réveillaient une ou deux fois, tétaient, et se rendormaient. Et finalement, ils étaient plutôt des « bons dormeurs », selon notre définition occidentale. Avec Camille et Marin, j'ai inauguré ma période « cododo » : je dormais avec eux dès leur premier réveil (ils dormaient dans une autre pièce que notre chambre conjugale, mon mari ne souhaitant pas avoir ses enfants à côté de lui) jusqu'au matin. Et j'ai découvert le plaisir de rester près de mes bébés, de profiter des tétées allongée, à moitié endormie. Ils ont tété la nuit jusqu'à leur sevrage, mais ce n'était vraiment pas un problème pour moi. Aujourd'hui Romane dort avec moi et son père.

1. Les difficultés courantes de sommeil

Les parents d'un ou de plusieurs enfants sont souvent confrontés à des difficultés de sommeil. Ces difficultés comprennent le plus souvent des endormissements longs avec pleurs ; des réveils nocturnes, avec demande de nourriture ou non ; des cauchemars répétés ; des tentatives pour dormir dans le lit des parents, avec sentiment d'échec quand ces derniers finissent par « céder »…. Elles sont en train de devenir un problème de santé publique de nos sociétés occidentales, avec des répercussions possibles sur le sommeil des adultes et sur d'autres champs de la vie quotidienne. **Épuisés**, les parents ont des difficultés dans leur travail, et c'est toute leur vie quotidienne qui est touchée. Ils sont nombreux alors à se sentir « au bout du rouleau », voire de la dépression nerveuse, quand leur bébé se réveille fréquemment la nuit, refuse d'aller au lit, ou se lève très tôt. Le bébé est alors perçu comme décevant, gêneur, les parents se vivent comme incapables de l'élever correctement. C'est bien souvent une confiance qui se perd et parfois, dans les cas les plus graves, une spirale de relations violentes qui s'installe.

Réveils nocturnes

De nombreuses études ont tenté de brosser le tableau des dégâts.

Selon les études, les définitions et les populations considérées, de 9 % à 50 % d'enfants de 0 à 4 ans se réveillent la nuit dans les pays occidentaux. De nombreux enfants réveillent parfois leurs parents, une minorité les réveillent très fréquemment (au moins une fois par nuit pratiquement toutes les nuits). Les nuits hachées par des réveils ne sont pas l'apanage des bébés (ou des moins de 6 mois) : à 4 ans, les jeunes enfants peuvent réveiller encore de temps en temps leurs parents. Si les comportements sont en majorité stables (un enfant qui se réveille à 6 mois a tendance à se réveiller encore plus tard), il y a tout de même des enfants dont le comportement évolue, dans un sens comme dans l'autre. Ainsi, il n'est pas du tout rare qu'un bébé qui dormait bien à 12 mois, se réveille à 18 mois.

Une chose est certaine : votre bébé de 8 mois ne fait pas ses nuits ? Il n'est pas le seul et c'est même tout à fait banal.

Est-il vrai que les bébés allaités se réveillent plus souvent ?

Oui et non. Oui, des études ont montré que les bébés allaités se réveillaient plus souvent que les bébés qui prennent le biberon[9]. Mais il s'agit bien souvent de bébés élevés « à l'occidentale » : c'est-à-dire qu'ils dorment loin de leur mère et doivent le plus souvent se faire entendre pour que celle-ci vienne les nourrir. Donc, comme les bébés nourris au sein ont des prises alimentaires plus fréquentes que leurs collègues au biberon, y compris chez nous, y compris quand tout est fait pour qu'ils prennent le moins souvent possible le sein, leur mère se lèvera plus souvent que celle qui donne le biberon.

Non, car quand ils dorment avec leur mère, les bébés se réveillent à peine, et la réveillent à peine, puisqu'il leur suffit de tendre la bouche vers le sein. Ils n'ont pas besoin de pleurer, pas besoin d'attendre, et finalement pas besoin de se réveiller : téter dans ces conditions peut se faire en dormant. Les bébés qui dorment avec leur mère tètent souvent (2, 3, 4 fois par nuit), et tout ceci sans beaucoup de fatigue pour la mère.

9. Notamment une étude récente menée au Québec, sur des nourrissons âgés de 5 mois.

2. La méthode occidentale : solitude avant tout

L'apprentissage de la solitude nocturne

On sait maintenant grâce à des enregistrements vidéo, que tous les jeunes enfants se réveillent la nuit. La différence entre ceux qui « font leurs nuits » et ceux qui réveillent leurs parents tient à leur capacité plus ou moins grande à se rendormir seuls. Pour répondre aux attentes de nombreux parents et faire en sorte que leur bébé passe 10 heures dans son berceau sans faire trop de bruit, on propose généralement chez nous d'habituer ce dernier à s'endormir seul. L'idée de base de cette méthode est de faire en sorte que le bébé associe l'endormissement à un certain type d'environnement qui exclut la proximité avec un adulte. Cet environnement devra être tel que le bébé puisse retrouver lui-même des repères lui permettant d'amorcer seul une séquence d'endormissement lors de ses réveils nocturnes. Concrètement, les parents sont invités à mettre en place un **rituel du coucher**, c'est-à-dire une série d'actions enchaînées qui sera répétée chaque soir et qui a comme finalité de permettre au bébé de s'endormir et de se rendormir seul. Il s'agit alors pour les parents de doser finement proximité et solitude : proximité avec le bébé avant l'endormissement pour satisfaire son besoin de proximité avec les adultes qui s'occupent de lui (besoin largement reconnu de nos jours, dont la non-satisfaction peut entraîner des difficultés de sommeil) ; solitude pour éviter que le bébé ne devienne dépendant de cette proximité au moment de s'endormir. Pour satisfaire les besoins affectifs du bébé quand celui-ci reste seul, l'utilisation du fameux **Objet transitionnel** (une peluche, un bout de tissu) est recommandée. Dans le même but, les comportements d'auto-satisfaction (succion d'une tétine ou du pouce) seront encouragés. Tout leurre pouvant donner au bébé les stimulations équivalentes à celles produites par un adulte attentionné peut être utilisé, à partir du moment où il ne requiert pas sa présence réelle.

Dans la réalité, des difficultés surgissent, qui s'expriment par des pleurs du bébé. Pourquoi ?

– Parce que le bébé a la capacité innée de s'apaiser et de s'endormir au sein. Le bébé allaité développera très rapidement cette capacité dès les premiers jours, capacité qui se consolidera au fil des semaines : tétée, proximité corporelle et endormissement seront très rapidement et très fortement associés. Cela reste vrai pour le bébé non allaité qui apprécie beaucoup la présence d'un parent durant son sommeil. Alors, quand on le pose dans un berceau immobile, difficile pour lui d'oublier la chaleur apaisante d'un corps. On ne voit pas bien pourquoi l'obscurité changerait les besoins et les attentes d'un nourrisson.

– Parce que le bébé n'est pas une pâte à modeler qui se plierait à toutes nos volontés. Si les comportements peuvent être modifiés, des limites à cette plasticité existent, et les modifications exigent souvent du temps, de l'énergie et parfois même de la souffrance.
– Parce qu'il suffira de bien peu de choses pour qu'un bébé qui a enfin appris à « faire ses nuits » réveille à nouveau ses parents, et que l'attitude des parents et l'environnement du bébé devront être longtemps contrôlés, au moins le soir.

Les réactions face aux pleurs

Il y a quelques années, on invitait fortement les parents à laisser pleurer leur bébé quand celui-ci réagissait la nuit ou durant l'endormissement. C'est la fameuse règle des « 5-10-15 » minutes[10]. Mais de nombreux parents n'aiment pas laisser pleurer leur bébé, même quelques minutes seulement. Ils ressentent ces pleurs comme des appels, et ils n'ont pas forcément tort. De plus, laisser pleurer un bébé la nuit dans un appartement n'est pas simple : les autres membres de la famille sont endormis, les parents sont fatigués, les voisins réclament un peu de calme… Cette réticence à laisser le bébé pleurer explique en grande partie les **échecs** de la méthode décrite ci-dessus, et également le désir des parents de trouver une autre solution. Est-il possible à la fois d'éviter les pleurs et de faire dormir un bébé seul toute une nuit durant ? C'est ce que proposent certains auteurs aujourd'hui, dont le pédiatre américain Brazzelton. Ils s'écartent ainsi de la voie des « durs », qui voient dans la gestion stoïque des pleurs un élément déterminant du succès. Avec cette méthode douce, les parents sont invités, le plus tôt possible, à adopter des comportements spécifiques. Pour les parents des bébés exclusivement allaités, il s'agira, entre autres, dès les premières semaines d'allonger progressivement les intervalles entre les tétées durant la période de pleine nuit (entre 0 h et 5 h), pour obtenir de leur nourrisson qu'il ne se réveille plus du tout durant cette tranche horaire dès l'âge de huit semaines. Cela suppose une intervention des parents la nuit (bercer le bébé, le promener, changer la couche, etc.), intervention qui est censée disparaître progressivement. Brazzelton, quant à lui, insiste sur les comportements d'auto-satisfaction à favoriser d'abord le jour et au moment de l'endormissement, pour aider ensuite le bébé à retrouver le sommeil lors de ses réveils nocturnes[11]. Pour tout cela un certain **investissement** des parents (en temps, en rigueur, en

10. On laisse une première fois le bébé pleurer 5 minutes. Un parent va auprès de son lit, pour le rassurer sans le prendre dans ses bras. Il le laisse alors seul, et éventuellement pleurer 10 minutes. Puis retourne le rassurer. Et cette fois, et les suivantes, le laissera pleurer 15 minutes à chaque fois.

11. T. B. Brazelton et J. D. Sparrow *Sleep. The Brazelton way*. Perseus Publishing, 2003.

patience) est indispensable. Cette exigence rebute souvent les parents qui finissent, de façon ponctuelle ou habituelle, par prendre leur bébé avec eux la nuit pour calmer leurs pleurs.

3. Dormir avec son bébé, une réalité

témoignage

Lucie, jeune maman, vient à une réunion « allaitement » pour parler de son bébé de quatre mois qui continue de réclamer le sein la nuit. Elle ne s'attendait pas à connaître ce genre de difficulté ; autour d'elle, on lui dit déjà depuis un mois que ce n'est pas tout à fait normal. Souvent elle prend son bébé dans son lit pour lui donner le sein. Et pour la première fois, elle osera dire qu'elle et sa fille s'endorment parfois de cette façon l'une contre l'autre. Elle n'en a jamais parlé à personne, et se pose beaucoup de questions. Est-ce normal ? Elle a peur que son bébé s'habitue à cette proximité, et surtout, elle a une image d'elle et de son maternage très dévalorisée. Durant la réunion, elle entendra d'autres mères témoigner, notamment Hélène qui lui dira avoir vécu la même histoire, et qu'elle a résolu son problème en faisant dormir son bébé dans son lit en fin de nuit et en évitant de prêter attention aux critiques de son entourage.

C'est ce que font de nombreuses mères. Le plus souvent, elles agissent ainsi en réponse aux réveils nocturnes de leurs bébés ; elles trouvent également que c'est plus commode d'allaiter dans leur lit la nuit. Et si on en croit les chiffres et l'observation, elles sont nombreuses à réagir de cette façon, pour des périodes plus ou moins prolongées.

Faire dormir son bébé avec soi : on l'a (presque) tous fait

Un sondage effectué en France a montré que plus de la moitié des parents prennent de temps en temps leur enfant dans leur lit. Maladie, pleurs ou autres raisons font que les bébés quittent souvent leur lit ou berceau pour passer des moments plus ou moins longs dans le lit des parents. Il est étonnant aussi de constater à quel point le sommeil partagé garde un **pouvoir attractif et affectif** très fort dans notre société, car même les publicitaires en usent sur leurs réclames. S'ils utilisent de telles illustrations c'est qu'elles trouvent une résonance très favorable dans le grand public. C'est également le cas dans de nombreux articles parus dans la presse grand-public : les articles sur le sommeil des enfants, qui souvent prônent le sommeil solitaire et la rigueur, sont illustrés de dessins où proximité parents-bébé rime avec bonheur.

Pourtant les spécialistes qui vantent les mérites du sommeil solitaire et de leur méthode d'apprentissage ont souvent la dent bien dure pour les parents qui cèdent si facilement à leurs enfants. C'est que leur méthode est axée avant tout sur la séparation et que la rigueur est de mise. Donc la moindre incartade fait courir à l'échec. Mais nous allons le voir, les incartades sont légion, et ces spécialistes construisent de pauvres murs de sable pour empêcher la mer de monter.

Sommeil partagé et populations marginalisées

Ailleurs, si les problèmes de sommeil ne sont pas inexistants, ils sont loin d'avoir l'ampleur qu'ils ont chez nous. Mais l'organisation du sommeil des petits n'est absolument pas la même que chez nous. La proximité parents-bébé et surtout mère-bébé, est en général favorisée. Que ce soit dans la même chambre ou dans le même lit que sa mère, le bébé n'est pas délibérément éloigné. Dans les sociétés dites « traditionnelles », c'est-à-dire vivant en petits groupes sans eau courante et sans électricité, aucun cas de séparation mère-bébé la nuit avant l'âge de un an n'a été recensé (c'est-à-dire que le bébé n'est jamais placé dans une pièce séparée de sa mère). C'est également le cas dans les sociétés industrialisées asiatiques, africaines, ou d'Amérique du sud, où le bébé reste à proximité de sa mère la nuit. Ainsi en Chine[12] les bébés de 3 mois dorment à 90 % dans le lit de leur mère. Au Japon aussi cette pratique est courante et concerne plus de 65 % des bébés à cet âge. En Norvège et en Suède, pays qui font la promotion de l'allaitement maternel depuis bientôt vingt ans, environ la moitié des bébés dorment dans le lit de leurs parents.

En fait, pour se faire une idée des pratiques liées au sommeil du bébé, il est plus simple d'essayer de circonscrire les populations qui ont fait du sommeil solitaire la norme. On aura plus vite fait. Considérons alors l'Europe, avec la France, la Grande-Bretagne, l'Italie, la péninsule ibérique, la Belgique, la Suisse, l'Autriche, … et de l'autre côté des mers, l'Amérique du nord, le Canada, plus loin encore l'Australie, la Nouvelle Zélande. Et leurs populations dites caucasiennes. Depuis un siècle environ, le sommeil solitaire, c'est-à-dire le bébé dans sa propre chambre ou dans la chambre d'enfants, est devenu dans ces pays la norme, délimitant ainsi des poches culturelles très particulières. Cette pratique est récente, car les observations historiques dont nous disposons montrent que le sommeil partagé était très courant il y a un siècle dans ces mêmes contrées. Le bébé n'était jamais placé dans une chambre seul, mais le plus souvent à côté du lit des parents. Lit-estrade ou lit-armoire destinés à accueillir plusieurs membres d'une maisonnée étaient encore utilisés au XIXe siècle. Et même dans nos sociétés « à berceau », à l'occasion des tétées nocturnes, le bébé rejoignait sa mère et devait bien souvent finir sa nuit avec elle. C'est ici que nous touchons une des difficultés concernant la description des comportements nocturnes : à

12. Soit pour un sixième des être humains.

partir de quand peut-on dire que le bébé dort dans le lit de ses parents ? Quand il y passe chaque nuit et toute la nuit ? Ou quand ces visites ne sont qu'épisodiques ? Dans l'état actuel de nos très maigres connaissances, on peut raisonnablement considérer que de nos jours, dans les populations caucasiennes, au moins 10 % des bébés de moins de deux ans dorment de façon habituelle avec leurs parents. Mais les populations immigrées, comme les Maghrébins en France, les Américains du sud aux États-Unis, les habitants de la péninsule indienne en Grande-Bretagne, les Asiatiques un peu partout dans le monde occidental, adoptent bien souvent des pratiques différentes. C'est aussi le cas de populations marginalisées, y compris quand elles sont présentes depuis longtemps sur un territoire. Ainsi, une étude récente aux États-Unis montre que 12,2 % des Blancs, 25,5 % des Hispaniques, 33 % des Asiatiques et autres et 41,8 % des Noirs dorment habituellement ou plus de la moitié du temps avec leur bébé de moins de huit mois[13]. En Angleterre, 94 % des Asiatiques dorment avec le bébé dans leur chambre. Or ces groupes humains représentent souvent une partie importante de la population des pays riches. Certes leurs conditions d'habitat peuvent être précaires, mais cela n'explique pas tout. Mais les spécialistes ne s'adressent le plus souvent qu'aux classes caucasiennes moyennes et supérieures, c'est-à-dire leurs pairs : toute une partie de la population se trouve ainsi tout simplement mise de côté ou sommée de se soumettre à nos pratiques culturelles.

4. Les avantages du sommeil partagé

Dormir avec son bébé est un comportement humain banal, c'est-à-dire largement pratiqué et qui a des implications sur la vie quotidienne, sur les relations familiales et les représentations que nous en avons. Les besoins du bébé sont analysés de façon fort différente, que l'on souhaite dormir avec lui ou qu'on essaye au contraire de le mettre à l'écart. Voilà une liste sans doute incomplète des bénéfices que peut apporter le sommeil partagé à votre famille.

Ne plus avoir peur

Vous souvenez-vous de la dernière fois que vous êtes descendue seule à la cave alors que la nuit était tombée ? Et pour ceux qui habitent à la campagne, quand vous sortez la nuit fermer la porte du garage ou chercher le livre oublié à l'extérieur, ne vous arrive-t-il pas de presser le pas avec un petit sentiment

13. M. Willinger et al, « Trends in infant bed-sharing in the United States, 1993-2000 », *Arch Pediatr Adolesc Med* 157, janvier 2003, pp. 43-49.

d'inquiétude ? Et ce bruit inconnu qui a surgi soudainement dans la nuit au milieu du murmure familier alors que vous étiez dans votre lit en train de vous endormir. Est-ce vous ou votre compagnon qui êtes allé vérifier que la porte de la maison était bien fermée ? L'obscurité, même à l'âge adulte, est source d'inquiétudes. Nous nous sentons vulnérables, à la merci d'un prédateur quel qu'il soit, réel ou imaginé. Comme tous les animaux, nous ne pouvons dormir que dans un environnement suffisamment sûr, car au danger de l'obscurité s'ajoute avec le sommeil la diminution de notre vigilance. Donc pourquoi faudrait-il encore se compliquer les choses en rajoutant à tout ceci la solitude ? Voilà l'une des raisons principales qui nous poussent, nous et nos bébés, à dormir ensemble : nous **protéger** et **chasser la peur** de la nuit. Ce n'est pas parce que nous vivons dans des habitations modernes avec digicode et interphone pour certains que cette inquiétude s'est totalement évanouie : nous avons encore bien des réactions d'homme préhistorique et la raison a bien peu à dire dans ce domaine. Ainsi ce jeune pompier new-yorkais, après les attentats du 11 septembre 2001, qui est allé retrouver sa famille, et a réveillé son fils pour le faire dormir avec lui, dans son lit[14] : la peur, le stress, invitent parents et enfants à se rassembler pour **se protéger** et **se rassurer**.

Se reposer… enfin

La conséquence immédiate de cette sécurité éprouvée par le bébé qui dort avec un ou deux parents, est le calme des nuits sans pleurs, sans réveils, sans interruptions fatigantes. Ne plus se lever pour s'occuper du bébé la nuit est évidemment plus reposant pour tout le monde. On a vu que les réveils étaient normaux pour un jeune enfant, et qu'il n'était pas raisonnable d'attendre d'un bébé allaité de six mois des nuits de 10 heures sans interruption. Mais quand il sent la présence de sa mère et/ou de son père, le bébé ne se réveillera souvent pas complètement (en tous les cas, les manifestations bruyantes seront fortement diminuées). Même les tétées se font dans un climat propice à l'endormissement, et de nombreux bébés tètent littéralement « en dormant ». De même, la mère n'a qu'à se pencher pour donner le sein, et bien souvent elle n'aura aucun souvenir de la fin de la tétée, se rendormant bien avant. Isabelle, maman d'un bébé de trois mois qui dort à ses côtés, déclare ainsi lors d'une réunion : *« Ce matin, quand je me suis réveillée, j'ai dit à mon mari : tiens, le bébé ne s'est pas réveillé. Il m'a répondu en rigolant que j'avais vraiment la mémoire courte, et qu'il l'avait bien observé en train de téter le sein cette nuit ! »*. Le matin, au lieu de se lever pour chercher un bébé qui pleure puis de vous en occuper activement, il suffira d'avoir à proxi-

14. Reportage de France 3 diffusé le 11 septembre 2002.

mité quelques jouets pour l'occuper pendant que vous continuerez de somnoler et de faire la grasse matinée. Ce qui retarde les réveils du dimanche matin, l'un des cauchemars des parents !

Le repos des parents et du reste de la famille (le bébé ne pleurant pratiquement jamais) sera le bénéfice le plus évident du sommeil partagé.

expérience

Mes fils Thomas et Clément avaient moins de trois ans et ils avaient leur propre lit. Quand ils se réveillaient, ce qui arrivait souvent, je me levais la nuit pour passer un moment à leurs côtés et pour les rendormir. Les endormissements étaient également très longs, je passais mes soirées assise à la porte de leur chambre en attendant qu'ils s'endorment. J'étais souvent épuisée le jour suivant ces nuits hachées : du genre marmotte, il me faut au moins huit heures de sommeil pour récupérer. Mais je ne pouvais pas non plus les laisser pleurer : d'abord parce que mon cœur de mère s'y opposait farouchement (et le « cœur de père » de mon mari également) ; ensuite parce que réveiller tout l'immeuble par des cris me semblait impossible. Il m'arrivait d'étendre un petit matelas, bien inconfortable, que je complétais avec quelques coussins, pour finir ma nuit, la main sur le berceau, en essayant de maintenir un léger balancement le plus longtemps possible. Je crois même qu'il m'est arrivé de dormir directement sur la moquette de leur chambre !

Le plaisir d'une proximité réelle

Dormir ensemble, ce n'est pas seulement sommeiller ensemble. C'est aussi **se serrer** l'un contre l'autre, **se toucher, se sentir**. C'est avoir l'un et l'autre des mouvements réflexes de rapprochement, dans un état d'abandon total. Souvent, les bébés auront des mouvements instinctifs d'agrippement, de recherche de contact vers leur mère. C'est également un plaisir sans pareil que de se réveiller avec son bébé et de le voir sortir du sommeil et la joie illuminer quand son premier regard se pose sur vous. Ce plaisir réciproque facilite le sommeil.

expérience

Avec mes trois premiers enfants, je passais une partie de mes vacances chez mes parents dans le midi. Mon mari restait à Paris travailler, la maison était petite et nous devions dormir à plusieurs dans les chambres. C'est à cette occasion que pour la première fois j'ai découvert le plaisir de dormir dans la même chambre que mes jeunes enfants. Nous étions quatre dans la pièce : Mathilde, alors bébé, dormait dans un berceau contre mon lit ; Thomas et Clément chacun dans un lit. Et j'ai eu alors l'impression physique que nos sommeils se consolidaient mutuellement : sans doute était-ce un profond sentiment de sécurité qui me détendait complètement et me permettait de mieux dormir.

L'allaitement facilité

Les études montrent que les mères qui dorment avec leur bébé donnent le sein plus souvent et plus longtemps la nuit que les mères qui font dormir leur

bébé à l'écart. Le sommeil partagé est également associé dans les études à une plus grande durée de l'allaitement. Est-il une cause ? Est-il une conséquence ? Il n'est pas facile de le dire. Ce comportement n'a souvent pas les faveurs de nos contemporains : choisi en dernier lieu parce qu'on n'arrive pas à faire dormir le bébé seul, le sommeil partagé est donc bien souvent une conséquence. Au contraire, l'allaitement est valorisé de nos jours : choisi, désiré, il a toutes les chances d'être une cause ! Les choses sont ainsi faites : la représentation que nous en avons les attire vers des catégories (cause ou conséquence) que notre esprit cartésien se plaît à croire indépendantes du contexte. Le sein peut également servir à endormir le bébé, ce qui joue un rôle favorable dans la durée de l'allaitement.

Si le bébé est nourri au biberon, ces derniers peuvent être préparés à l'avance et laissés à portée de main. Ils seront évidemment moins facilement donnés que le sein qui ne nécessite que très peu de mouvements de la part de la mère et de son bébé. D'une façon générale, moins vous vous déplacerez, moins vous déplacerez le bébé et plus calmes seront les nuits.

Une adaptation rapide à tous les changements de la vie quotidienne

En cas de changement de lieu de vie (vacances, visite chez la famille ou des amis, voyages, déménagement, ...), le bébé aura toujours votre présence comme point de repère. Quand je partais avec mes trois premiers enfants dans la maison de mes parents, les nuits devenaient véritablement un cauchemar : les réveils se multipliaient, les enfants étant inquiets dans un nouveau lit, avec des odeurs étrangères, sans repères (le doudou n'est pas toujours suffisant dans ce cas). Le bébé qui dort contre ses parents habituellement sera nettement moins perturbé. Dormir dans un grand lit avec ses parents est commode à tous les points de vue : inutile de prévoir un lit d'enfant, une seule chambre sera suffisante et aucun matériel spécial pour le bébé ne sera nécessaire. Vous pouvez aller ainsi n'importe où, sans aucune contrainte matérielle.

Surveiller son bébé

Il m'est arrivé plusieurs fois de sentir mon bébé devenir anormalement chaud, et détecter ainsi très rapidement une montée de fièvre. Je me souviens encore de Marin qui s'est mis à tousser et à avoir des difficultés à respirer à cause d'une laryngite. Là encore, j'étais bien heureuse de pouvoir agir rapidement, dès les premières respirations rauques qui effraient tant les mamans, avant même que le bébé ne se réveille complètement et prévenant ainsi autant que possible ses pleurs et sa peur (qui n'améliorent jamais la situation). Rester auprès d'un bébé malade paraît le plus souvent indispensable à tous les parents.

5. En pratique

Un apprentissage

Dormir avec son enfant est un processus qui se met en place puis qui évolue. Plus l'apprentissage est précoce, plus il sera facile. Les premières semaines de vie du bébé sont un temps d'adaptation où de nombreux comportements se mettent en place. Dans des contextes favorables, c'est-à-dire avec des parents attentifs, le bébé sera dans des conditions appropriées pour apprendre une chose aussi fondamentale que bien dormir. Mais durant cette période d'adaptation le bébé est également très sensible à l'environnement. Ainsi un bébé qui sera laissé seul la nuit de façon habituelle pourra être beaucoup moins habile à se positionner correctement contre l'adulte, ou à téter allongé quand il sera mis dans le lit contre sa mère de façon ponctuelle. Ces comportements évoluent au fil du temps, au fur et à mesure de l'acquisition de nouvelles capacités du bébé. Cette dynamique s'appuie sur des capacités innées et des acquisitions antérieures. Un nouveau-né ne dort pas de la même façon qu'un bébé de 6 mois, lui-même fort différent d'un enfant de deux ans. Avoir dormi avec son bébé dès les premiers jours est sans doute un élément capital pour faciliter une adaptation continue au sommeil partagé. C'est vrai du point de vue de l'enfant comme du point de vue des adultes. Cela explique certaines déceptions de parents mettant en place l'option « sommeil partagé » au bout de plusieurs mois : il y a un certain retard à rattraper ! Cela peut expliquer également que le lit partagé soit parfois dangereux chez nous. De même que des enfants très rarement portés par leurs parents ne développent pas les mêmes capacités motrices que les enfants très souvent pris dans les bras, les bébés qui ne dorment pas dès les premiers jours avec leur mère ne développeront pas les mêmes aptitudes que les bébés qui ont toujours dormi contre un adulte.

Dormir avec son bébé les premières nuits

Il vaut mieux savoir que les premières nuits qui suivent une naissance ne sont sans doute pas les plus reposantes pour une mère. Une femme qui vient de mettre au monde un bébé voit toute son énergie mobilisée en direction du nouveau-né, ses sens et son esprit en alerte maximale pour en prendre soin. Son sommeil est forcément modifié pour pouvoir rapidement répondre aux appels du nouveau-né. La naissance représente un bouleversement profond, contre lequel il est impossible de lutter : éloigner le bébé en le plaçant à la pouponnière n'apaisera pas sa mère. Bien au contraire.

Malgré de nombreuses études qui montrent que ces séparations sont défavorables à l'allaitement, de nombreuses maternités proposent encore systématiquement de placer le bébé en pouponnière durant la nuit, surtout la première. Il vaut mieux être informé des pratiques en cours dans la maternité que vous avez choisie (éventuellement, cela pourrait être un critère de choix). De toutes manières, votre bébé n'appartient pas à l'hôpital : vous êtes en droit d'exiger sa présence à vos côtés. La charte de l'enfant hospitalisés prévoit que *« un enfant hospitalisé*[15] *a le droit d'avoir ses parents ou leur substitut auprès de lui jour et nuit, quel que soit son âge et son état »*. Elle est aujourd'hui inscrite dans le Code de la santé publique (par ordonnance n° 2000-548 du 15 juin 2000).

Si vous souhaitez mettre le bébé dans votre lit, vous devrez prendre quelques précautions pour rendre sa chute impossible, car malheureusement les lits d'hôpital sont très hauts, et un tel accident serait très dangereux. Le mieux est alors de pousser le lit contre un mur si cela est possible. La plupart des hôpitaux ont des barrières amovibles disponibles. Vous pouvez vous inspirer de la méthode « Kangourou » (voir p. 50). Si votre bébé n'est pas prématuré, vous pouvez bien sûr vous allonger. Les nouveau-nés n'ont pas la capacité musculaire de se tourner. Si vous dormez contre lui, vous serez très vite réveillée par ses mouvements, le risque de chute est alors quasiment nul.

15. Cependant le bébé qui vient de naître dans une maternité n'est pas considéré comme un bébé hospitalisé : c'est sa mère qui est hospitalisée.

En cas de césarienne ou si le bébé est malade à la maternité

Si votre bébé est né par césarienne, vous aurez peut-être plus de difficultés à marcher et à bouger les premiers jours. Mettre le bébé dans votre lit pourra être une solution particulièrement intéressante pour favoriser l'allaitement. Si votre bébé est prématuré ou malade, selon son état et les pratiques du service de néonatologie qui l'accueillera, il vous sera ou non possible d'être hospitalisée avec lui. Cette solution devrait toujours rester envisageable. Si le bébé est perfusé, il ne sera pas toujours possible de le prendre auprès de vous. D'autres situations peuvent se présenter : le bébé a un ictère ; certains soins spéciaux sont nécessaires ; il naît avec un handicap. La naissance est alors réellement un acte médical, et vous dépendez encore plus des professionnels de santé et de votre entourage que dans le cas d'une naissance plus habituelle. Dans tous ces cas particuliers, vous êtes encore plus exposés au regard des professionnels et vous ne pouvez pas bénéficier de l'intimité naturelle qui suit une naissance. Les professionnels sont dans ces cas encore plus réticents à une proximité mère-bébé renforcée. En effet, ils craignent que la mère ne surprotège son bébé quand il est malade ou handicapé, et ils encouragent souvent la séparation comme élément fondamental pour le développement du bébé. L'**inventivité** et la détermination des parents sont dans ces cas encore plus sollicitées : n'hésitez pas à exiger de rester auprès de votre bébé autant que vous pouvez, car c'est bien dans ces situations difficiles que le bébé a le plus grand besoin de vous. Si vous souhaitez dormir avec votre enfant, vous devez alors imposer votre point de vue encore plus fermement que dans les situations plus courantes.

Et pour des jumeaux ?

Je distingue ici le cas de naissances multiples qui, s'il est un cas particulier, ne conduit pas à une médicalisation systématique[16]. Il est encore plus précieux dans ce cas pour une mère de pouvoir dormir avec ses bébés. S'occuper d'un enfant est déjà fatigant. À fortiori, deux bébés ou plus demandent encore plus d'énergie. Tout doit être mis en œuvre pour soulager la mère et lui simplifier sa vie. Il en va de sa santé et donc de la santé et du développement de ses bébés. Le sommeil partagé est alors souvent une condition essentielle pour le confort de toute la famille et un allaitement maternel exclusif.

Les différentes façons de « partager le sommeil »

De nombreuses familles ont pratiqué le sommeil partagé en l'adaptant à leur situation propre. Il s'agit le plus souvent d'un compromis entre les désirs et

16. En faisant l'hypothèse que les bébés soient nés à terme.

besoins de chacun, le contexte familial, et des normes socio-culturelles. Cet équilibre peut être amené à évoluer, au fil du développement du bébé, de l'évolution de l'architecture familiale, des circonstances.

En voici les principales modalités. Non pas comme modèles à suivre d'une façon rigide, mais plutôt comme des guides pour vous permettre d'inventer votre mode de vie nocturne original.
La sécurité est évoquée plus en détail après.

– Le lit familial

Comme son nom l'indique, la famille dort dans un seul lit. Cette solution est une adaptation du tatami familial japonais. Souvent, le lit sera de taille plus importante que le lit double de largeur habituelle (140 cm) : 160 cm, 180 cm (deux lits une place), ou plus, pour accueillir confortablement toute la famille. Une solution qui assure la sécurité de tous et permet des agencements multiples consiste à utiliser des matelas posés à même le sol, les uns contre les autres. Le bébé dort avec ses parents, parfois un ou plusieurs enfants complètent la chambrée. Chacun peut avoir sa place, ou bien il peut ne pas y avoir de place fixe. Le plus souvent, le bébé dort contre sa mère. Le père peut dormir alors contre sa compagne, ou contre son bébé (celui-ci est alors au milieu du lit).

– La chambre familiale

Les enfants dorment dans la chambre des parents sans partager leur lit. Par exemple, le berceau du bébé est placé contre le lit des parents, du côté de la mère le plus souvent. Pour des jeunes enfants qui dorment dans un lit à barreaux, une possibilité est d'enlever un des grands côtés du petit lit d'enfant, et de placer celui-ci contre le grand lit des parents, en « side-car ». Ces solutions permettent à la mère de donner le sein pratiquement sans avoir à bouger. Après la tétée, le bébé retourne dans son lit, ce qu'il fait parfois tout seul. Des enfants plus grands peuvent avoir leur lit plus loin, contre un mur de la chambre.
Durant des vacances, cette situation de cohabitation est fréquente de façon fortuite dans des logements souvent exigus. Et également dans les familles nombreuses, ou tout simplement quand le nombre de pièces ne permet pas la mise à distance du bébé, ce qui n'est pas rare.
Dans ce cas, il peut arriver que le bébé passe une partie de la nuit dans le lit de sa mère, notamment à l'occasion des tétées.

Dans ces deux situations, que ce soit dans le lit des parents ou à côté, l'enfant est amené à dormir dans la chambre des parents. L'expérience montre qu'une fois endormi, un enfant ne sera pas facilement réveillé par une ambiance sonore et des activités « normales » : il est donc possible de lire, de discuter, de regarder la télé, aux côtés d'un enfant qui vient de s'endormir. Mais là encore, il convient de s'adapter à son enfant et à son seuil de tolérance au bruit.

– Le lit partagé mère-bébé ou père-bébé

C'est en général la solution choisie quand le père ne souhaite pas avoir le bébé dans son lit ou sa chambre[17]. Cela peut être une solution également quand l'un des parents a des horaires de travail décalés par rapport au reste de la famille. La mère (ou le père) dort avec son bébé, sans son compagnon (ou sa compagne). Un lit adulte d'une seule place peut alors convenir. Cela peut laisser par ailleurs la chambre des parents libre pour des activités plus bruyantes (comme écouter de la musique). C'est une méthode fréquemment adoptée quand un jeune enfant qui dormait habituellement dans sa propre chambre et dans un grand lit, tombe malade et que les parents souhaitent le surveiller ou tout simplement le réconforter de leur présence. Dans certaines familles, la mère dort avec le bébé, et le père dort alors avec des enfants plus âgés. Ailleurs, le père dormira sur un lit d'appoint, sa femme et le bébé dormiront dans le lit parental.

– La chambre d'enfant partagée

L'adulte se déplace pour dormir dans ce qu'on appellera la chambre d'enfant. Cette fois, il ne dort pas dans le même lit que l'enfant, mais dans un autre lit (ou un matelas posé sur le sol, un futon que l'on déplie occasionnellement, un fauteuil réglable). En général l'adulte ne passe qu'une partie de la nuit dans la chambre, le plus souvent durant l'endormissement, parfois la fin de la nuit, à partir du premier appel de l'enfant. Cela concerne généralement des enfants d'un certain âge, qui ne sont plus allaités, ou qui sont malades.

Chacun trouve sa solution

Toutes ces solutions peuvent se succéder, s'adapter, se compléter, durant la même nuit, ou au fil des mois. Par exemple, le bébé peut être endormi dans un berceau, puis amené dans le lit des parents à son premier réveil la nuit. Ou au contraire s'endormir dans le lit des parents, puis être porté dans un lit à barreaux placé contre leur lit. Après une période où le bébé aura dormi entre ses parents, il pourra être mis dans un lit d'enfant en « side-car » durant

---

17. Si certains pères acceptent avec plaisir de dormir avec leur bébé, tous ne partagent pas cet enthousiasme. Dans certaines sociétés, le père dort avec la mère et le bébé. Dans les autres, il fera chambre à part, au moins au début.

quelques mois, et enfin, toujours dans ce même lit, contre un mur de la chambre avant de rejoindre sa propre chambre. On le voit, les possibilités sont démultipliées : **la souplesse** est l'élément de base du sommeil partagé, car il s'agit avant toute chose de s'adapter à son enfant et à son évolution en douceur.

Souvent, des enfants de 3 ou 4 ans qui dorment habituellement dans leur chambre, reviendront de temps en temps dans le lit des parents, au petit matin. Des périodes de « régression » sont tout à fait normales (maladie, moment critique, nouvelles acquisitions, ...) : dans ces cas, il est fréquent que l'enfant ait à nouveau besoin de la proximité de ses parents, surtout la nuit.

L'endormissement

Un enfant qui n'a pas sommeil ne s'endormira pas facilement, quelles que soient les conditions. Le sommeil est en grande partie une fonction physiologique qui échappe au contrôle de la volonté. Il est important de tenir compte de l'état du bébé. Les besoins en sommeil des enfants sont souvent supérieurs en terme de durée totale à ceux des adultes. C'est pourquoi la nuit des jeunes enfants commence souvent avant la nuit des parents. L'enfant qui sait que sa mère ou un autre adulte viendra le rejoindre pour dormir avec lui ou que l'on répondra rapidement à son appel est rassuré, et s'endort plutôt facilement quand il est fatigué. Le contact corporel avec l'adulte est parfois nécessaire, dans d'autres cas sa présence dans le champ visuel de l'enfant peut suffire, cela dépend beaucoup de son âge. L'obscurité n'est absolument pas indispensable pour le jeune enfant : l'adulte peut donc en profiter pour lire, écrire, ... Si l'enfant est allaité, une façon très commode de l'endormir sera de lui donner le sein. Ce temps partagé de l'endormissement est un **moment de calme et de détente** dont l'adulte peut également profiter, avant d'entamer sa soirée. Bien sûr, la lecture d'un livre ou autre jeu calme sont des préludes plus « classiques » à l'endormissement ; ils pourront également trouver là leur place.

Enfin, n'oubliez pas que le bruit modéré rassure souvent les enfants et que le silence est finalement plus angoissant qu'autre chose : poursuivez vos activités habituelles, n'éteignez télévision ou radio que si vous êtes certains que cela gêne votre bébé. Savoir que ses parents poursuivent leurs activités habituelles, entendre des bruits familiers, rassure les enfants.

Quand l'endormissement n'est pas vécu comme une mise à l'écart ou comme une séparation, il aura toutes les chances d'être rapide et de ne poser aucun problème, ni aux parents, ni à l'enfant. Et même s'il dure un certain temps, en le considérant comme un **échange relationnel** digne d'intérêt et en profitant de ce moment de calme pour **se reposer** également, l'adulte qui se charge de l'endormissement en retirera lui aussi un bénéfice. Il s'agit ici d'une façon radicalement différente d'envisager le sommeil de l'enfant. Des spécialistes présentent au contraire l'endormissement comme un temps de séparation, et proposent de le faciliter avec des doudous ou autres leurres. Dans certaines familles, les enfants ne sont pas mis au lit : ils y vont de leur propre initiative, quand ils en ressentent le besoin. Nous avons souvent très peur de nous sentir débordés si nous accordons cette liberté, mais l'expérience montre que ces enfants ont une durée de sommeil qui correspond à leurs besoins, et que l'heure de lever étant presque toujours imposée (départ au travail, à la crèche, à l'école,...), le moment du coucher sera souvent régulier.

Les siestes

Je regroupe ici toutes les périodes de sommeil de l'enfant durant la journée. En général les adultes ne dorment pas à ce moment-là (la sieste n'est pas une pratique courante chez nous, contrairement à d'autres pays). Souvent les enfants n'aiment pas non plus rester seuls durant ces siestes et apprécient la présence d'un adulte. Il est alors possible pour celui qui s'en occupe de rester auprès de l'enfant jusqu'à ce qu'il s'endorme (et de profiter ainsi de quelques minutes de calme et de repos en milieu de journée). Les jeunes bébés apprécient souvent de dormir dans le porte-bébé ou dans la poussette : le mouvement est un élément propice à l'endormissement. Il n'est pas nécessaire d'instaurer une régularité artificielle ni des durées prédéterminées pour ces temps de repos. De nombreux parents ont le souci de « régler » leur enfant, en général pour prévoir certaines activités qui nécessitent l'absence de l'enfant. Ou tout simplement parce qu'ils sont convaincus qu'un de leurs rôles est de proposer une hygiène de vie à leur enfant, hygiène qui comprend la régularité. Mais notre vie est de toute façon rythmée. Quelles que soient nos activités, des horaires doivent souvent être respectés : le travail des parents, les heures de lever, les heures de repas, les horaires de crèche, de garderie ou de l'école des aînés, autant de « donneurs de temps » incontournables. Est-ce vraiment utile d'en rajouter d'autres ? Un jeune enfant fatigué s'endormira très facilement si quelques conditions sont remplies. Que la sieste débute à 10 h, 14 h ou 16 h, quelle importance ? Qu'il dorme une fois 2 heures ou trois fois 40 minutes, quelle importance ? Cela ne l'empêchera pas de s'endormir le soir au moment où la maisonnée devient un peu plus calme, ni de manger avec les autres (à moins qu'il ne dorme pendant le repas, mais un repas sauté n'est pas une catastrophe alimentaire surtout si le bébé est allaité). Cette irrégularité pourra également s'observer sur plusieurs jours : certaines journées sont remplies et actives, et l'enfant ne dort pratiquement pas. D'autres seront propices au repos et à la récupération. Une **attitude confiante et attentive** permettra à chaque parent de comprendre le besoin de son enfant et d'y répondre le mieux possible. De toutes les façons, et quoiqu'on y fasse, un enfant fatigué s'endort. À peu près n'importe où. À peu près n'importe quand.

Autres détails pratiques

Quand le bébé dort dans le lit de ses parents, on économise bien évidemment un lit de bébé et toute la literie associée. Par contre, il faudra rester vigilant sur la propreté des draps, et les changer plus souvent que si le bébé dormait ailleurs (un bébé peut régurgiter par exemple). C'est encore plus vrai pour les lits au ras du sol. Cela suppose donc l'achat de quelques paires de draps supplémentaires.

Pour passer des nuits calmes, sans avoir à se lever, il suffit de préparer à portée de la main quelques couches, mouchoirs, biberons quand le bébé n'est pas allaité. Les premiers jours, une petite lampe de poche sera utile pour mettre le bébé au sein correctement, changer une couche, etc. Après quelques semaines, le bébé saura trouver tout seul le sein, et il sera très rare d'avoir à lui changer la couche (prévoir alors une « grosse » couche pour la nuit).

6. La sécurité du bébé

La sécurité des enfants doit être assurée, c'est une des responsabilités premières des parents. Le sommeil partagé apporte de nombreux bénéfices pour la sécurité du bébé : stimulation du bébé et donc diminution des périodes de sommeil profond ; allaitement favorisé ; surveillance par les parents aisée ; vie quotidienne facilitée et fatigue diminuée. Mais certains risques liés à cette solution existent, et les parents devraient savoir comment les prévenir. Or si de nombreuses informations circulent sur la sécurité du bébé qui dort seul dans son lit, si de nombreux parents savent qu'il convient alors de le coucher sur le dos, sans oreiller ni couette, pas une seule information ne concerne le bébé qui partage le lit de ces parents y compris de façon occasionnelle. L'interdiction pure et simple de dormir avec son bébé sera la seule recommandation faite (et non respectée).

– La Mort subite du nourrisson

La Mort subite du nourrisson (MSN) est un syndrome qui frappe les nourrissons de moins d'un an, qui décèdent de façon inattendue et inexpliquée. L'autopsie ne distingue souvent pas les morts de MSN des morts pas asphyxie consécutives à l'obstruction des voies respiratoires. Le mécanisme précis de la MSN n'est pas encore connu, par contre de nombreux facteurs de risque sont identifiés, certains avec certitude, d'autres faisant encore débat. Le partage du lit avec un adulte est un facteur très discuté actuellement[18]. Des facteurs supplémentaires, comme la consommation de tabac, d'alcool et de drogues, interagissent avec le sommeil partagé et peuvent transformer cette pratique en un risque vis-à-vis de la MSN. En Angleterre, le lit partagé est loin d'être stigmatisé de la même façon que chez nous, et les professionnels de santé et de la petite enfance incluent cette éventualité dans leurs recommandations. L'UNICEF-UK a même édité un dépliant qui précise les règles de sécurité pour les familles dont le bébé partage le lit d'un ou de deux adultes.

– Les autres risques

Un autre risque souvent mis en avant est le danger d'asphyxier le bébé, soit par recouvrement par le partenaire, soit par glissement et coincement du bébé entre des parties de la literie. Les lits d'adulte sont parfois hauts et le risque de chute doit également être pris en considération. Là aussi d'autres facteurs interviennent comme l'état du partenaire (ébriété, grande fatigue, ...) qui expliquent le plus souvent à eux seuls ces drames.

La prévention

– Surveiller un bébé

Pour tous les accidents évoqués ci-dessus, la surveillance active d'un adulte reste le facteur de prévention le plus efficace ; très peu de bébés sont morts de MSN ou d'asphyxie sous les yeux de leurs parents. Quand le bébé dort durant la journée dans une pièce où d'autres personnes ont des occupations, par exemple la salle de séjour, il sera placé sous leur attention, contrairement au bébé dormant tranquillement, mais seul, dans sa chambre. Il semblerait également qu'un bruit modéré, comme celui généré par une activité humaine normale stimule le bébé même endormi, et favorise un sommeil léger. Or les études montrent que la MSN est peut-être lié à la difficulté pour le bébé de se réveiller. C'est pour cela que le bébé devrait dormir dans la chambre des parents, même s'il ne dort pas dans leur lit.

Quand il est sous la surveillance directe d'un adulte, un bébé peut dormir dans des conditions qui sans cela seraient dangereuses. Par exemple, sur un canapé avec sa mère lisant un livre à ses côtés et gardant un œil sur son enfant.

---

18. Pour une discussion complète, voir Dormir avec son bébé, éditions L'Harmattan, 2002 et *Allaitement maternel et proximité mère-bébé*, éditions Érès, 2003, Nathalie Roques.

Ou s'endormir sur le ventre, allongé sur le torse de son père. Par contre, quand il dort sans surveillance, que ce soit dans le lit d'un adulte endormi, ou dans un berceau à l'écart, les précautions doivent être multipliées.

– S'adapter

Il faut avant tout adapter l'environnement au bébé et aux risques que son développement, et donc ses capacités du moment, lui font courir. Si les couvertures présentent un risque pour un bébé de 2 mois, à 4 mois il pourrait tomber d'un lit trop haut, à 1 an s'étrangler avec le fil d'un téléphone. Les parents doivent continuellement s'adapter aux progrès de leur bébé, des menaces disparaissent, d'autres surgissent. Il est prudent de prévoir une marge de précaution, et d'imaginer le bébé franchir l'étape suivante : un bébé de 3 mois peut rouler, un bébé de 6 mois peut se mettre à 4 pattes, un autre de 9 mois peut se mettre debout... Il y a toujours une première fois, et elle n'est jamais prévisible.

– Prévenir la Mort subite du nourrisson (MSN)

Le bébé devrait être couché sur le dos (la position ventrale est un facteur de risque important pour la MSN), ce qui est sa position naturelle quand il est allaité et qu'il dort contre sa mère. Les parents ne doivent pas fumer dans la pièce où le bébé dort et la mère devrait s'abstenir de fumer durant la grossesse et bien sûr après. Enfin, l'allaitement est un élément protecteur contre la MSN. Quand la mère fume, il convient de placer le lit du bébé à côté du lit des parents, et il est préférable d'éviter que le bébé reste dans le lit des parents après une tétée (une fois la tétée terminée, replacer le bébé dans son berceau).

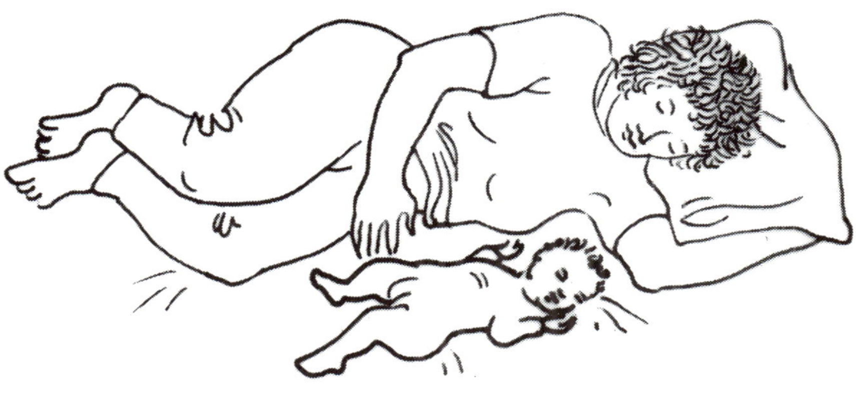

Enfin où qu'il dorme, le dispositif de sommeil doit être parfaitement adapté au bébé.

– Prévenir les chutes

La solution qui consiste à dormir sur des matelas posés à même le sol a le mérite d'éliminer tout risque de chute, et c'est réellement la façon de dormir la plus simple, qui doit être préférée pour un bébé de moins de 1 an. Sinon, le lit « classique » (matelas sur sommier eux-mêmes sur pieds de lit) pourra être poussé contre un mur, avec des coussins posés sur le sol tout autour pour amortir une chute éventuelle (par exemple dans le cas où l'enfant dort en début de nuit sans adulte pour l'empêcher de rouler ou durant une sieste sans surveillance). Attention, dans ce cas, il faut s'assurer que le bébé ne risque pas de se coincer entre le lit, les montants du lit et/ou le mur. Il est également possible de placer une barrière mobile sur un côté pour empêcher l'enfant de tomber. Choisissez-la de telle façon que le bébé ne puisse pas se coincer avec. Pour les siestes, l'idéal et le plus simple est tout simplement le matelas posé sur le sol.

– Prévenir les asphyxies

Le matelas doit être parfaitement ajusté aux dimensions du lit : il doit être impossible pour le bébé de se coincer entre le matelas et des éléments du lit comme les montants. Il doit être également ferme (le futon posé sur un tatami est un excellent dispositif). Les matelas d'eau sont à proscrire (ils sont de toutes façons très rares chez nous). Les canapés sont également à éviter quand le bébé dort sans surveillance : le bébé risque de s'étouffer en se tournant contre le dossier.

On sait aujourd'hui que les couettes et oreillers doivent être évités pour éliminer tout risque d'asphyxie ou d'hyperthermie. L'adulte pourra utiliser ces accessoires, mais la place du bébé ou du jeune enfant doit être vide. Le mieux est en fait d'utiliser des draps et couvertures. Si le bébé dort entre ses parents, une solution pratique consiste à utiliser des couvertures individuelles (au lieu de la couverture double), ainsi il ne risque pas de se retrouver sous la couverture des parents. En général, quand il est habitué dès son plus jeune âge à dormir sans couverture, il aura plus tard tendance à les repousser. Quand le bébé dort contre sa mère et que celle-ci lui fait face (cas classique quand la mère allaite), le bébé se trouve naturellement entouré par le corps de sa mère : par son bras au-dessus de sa tête, par ses jambes repliées sous ses pieds (voir schéma p. 73). Le bébé ne risque ainsi pas de descendre vers le pied du lit et de s'enfouir sous les couvertures. Dormir à proximité d'un adulte permet de bénéficier de sa chaleur. Il est alors inutile de trop couvrir l'enfant : un simple pyjama peut suffire. Une ventilation suffisante doit être maintenue.

Les premiers mois, il est préférable d'éviter qu'un enfant de moins de 15 ans dorme contre le bébé. Il ne bénéficie pas du même état de vigilance qu'un adulte, et le bébé est alors trop petit pour se dégager de façon réflexe dans certaines situations qui pourraient être dangereuses. Il est prudent d'attendre qu'il soit capable de bien lever sa tête et de se retourner seul pour laisser un enfant plus âgé dormir contre lui. Si vous dormez avec plusieurs enfants, placez un adulte entre le bébé et ses aînés.

Si vous souhaitez mettre le berceau près de votre lit en « side car », vérifiez que les hauteurs respectives sont compatibles (en particulier, le berceau ne devrait pas être plus haut que le lit). De plus, le lit du bébé doit être fermement maintenu contre le grand lit pour éviter toute chute et tout coincement (certains parents bricoleurs fixent le petit lit au grand).

– Les risques du lit partagé occasionnel

Il est très courant chez nous de prendre le bébé dans le lit des parents de façon occasionnelle et imprévue. C'est par exemple le cas d'une mère qui s'endort presque involontairement en donnant une tétée ; ou quand le bébé pleure et ne se console que dans les bras de ses parents en fin de nuit, les parents épuisés ayant déjà tout essayé. Ces situations peuvent être dangereuses, car les parents ne les ont pas prévues et ils n'ont donc pas adapté l'environnement au bébé. Également, le bébé ne s'est pas progressivement habitué à dormir contre un adulte, et n'a pas développé toutes les capacités qui peuvent lui être utiles dans ce cas de figure. Le lit partagé habituel présente donc des avantages en terme de sécurité de l'enfant par rapport au lit partagé occasionnel. Si les parents font le choix de n'adopter le lit partagé que ponctuellement, ils auront tout intérêt à toujours préparer leur lit pour y accueillir en toute sécurité leur enfant, et donc à être informés.

– La vigilance du partenaire

Deux cas doivent être distingués ici : le partage du lit et le partage de la chambre.

Les adultes qui dorment dans le même lit que leur enfant doivent être dans un état de vigilance normal. Or la consommation d'alcool, de somnifères, de certains médicaments ou d'hallucinogènes (cannabis, ...) diminue très nettement la vigilance. Dans ce cas, le bébé doit dormir dans un autre lit que celui de l'adulte. La prudence s'impose également quand l'adulte est suffisamment malade pour que sa capacité à se réveiller et à réagir instinctivement à certains stimuli habituels se trouve affaiblie. Attention également à ce que toute personne dormant à côté d'un bébé soit prévenue de sa présence, par exemple, quand le père ne vient se coucher qu'après que le bébé et sa mère se soit endormis.

7. Vos questions sur le sommeil partagé

Dormir avec son bébé, une pratique naturelle ou culturelle ?

Dormir auprès de sa mère est un comportement naturel, déterminé par des paramètres archaïques puissants car inconscients et vitaux. Sécurité, chaleur, nourriture, sont assurés par cette proximité avec la mère ; auxquelles nous devrons rajouter l'**attachement**, fonction relationnelle et psychologique essentielle pour la survie et le développement du petit. Toutes ces conclusions, en général émises par des anthropologues, ne peuvent plus être aujourd'hui discutées.

Bien évidemment, l'être humain est également façonné par sa culture. Très tôt, dès les premières heures de vie, des rites, un environnement particulier, des relations sociales établies, vont se surimposer à la trame naturelle. Mais cette culture humaine ne peut pas modifier trop profondément le socle naturel sur lequel elle s'appuie. Et c'est d'ailleurs bien ce que nous pouvons remarquer : la proximité nocturne mère-bébé est un élément présent dans presque toutes les cultures humaines et le monde occidental industrialisé est en fait une exception. Cette exception n'est pas d'ordre culturel, comme cela est souvent proposé. Non, cette fois, nous entamons la racine naturelle d'un comportement. Il ne s'agit pas d'un type particulier de berceau ou de hamac, ni d'une chanson ou d'un rituel d'apaisement. Mais bien de l'élimination d'une relation charnelle autrefois (et peut-être aujourd'hui encore) indispensable.

Ne risque-t-on pas d'obliger notre bébé à dormir avec nous ?

Certains professionnels prétendent que les bébés éprouvent le besoin de dormir seuls et que nous les incitons à dormir avec nous pour combler notre insécurité propre. Avons-nous jamais vu dans leur cabinet des parents éplorés qui n'arrivent plus à faire dormir leur bébé dans le lit parental ? Existe-t-il beaucoup de bébés qui réclament à corps et à cris de quitter la couche parentale pour enfin satisfaire leur besoin de solitude à l'étage ? Est-il nécessaire d'apprendre et d'appliquer une méthode comportementale exigeante pour faire dormir le bébé contre soi ? À moins d'assurer qu'un bébé qui pleure est un bébé satisfait et qu'un bébé qui s'assoupit en souriant manifeste en fait une réelle désapprobation, il est évident que le plaisir et sans doute le besoin du bébé sont de rester à proximité de ses parents et non de prendre ses jambes à son cou pour aller vivre sa vie (ça viendra, mais plus tard). Dans notre situation extraordinaire, nous avons des scientifiques extraordinaires qui nous proposent des théories et des hypothèses extraordinaires… et ridicules. Il est grand temps de reprendre nos esprits et de faire confiance aux sentiments des mères comme aux réactions de leurs bébés.

Mais alors, pourquoi sommes-nous devenus des adeptes du sommeil solitaire ?

Déjà au Moyen-Âge, les hommes d'Église peu favorables à une promiscuité trop animale, inquiétés également par des infanticides associés au sommeil partagé ou par certains accidents, ont exhorté les parents à poser leur nouveau-né dans un berceau à côté de leur lit. Il n'était pas alors question de le mettre dans une autre chambre : les mètres carrés étaient comptés, l'espace disponible réduit. Les résistances ont été fortes, et il semble que le message n'ait pas été entendu. La séparation a de nouveau été mise à l'honneur lors de la découverte de la contagion des maladies. Pasteur a définitivement mis à mort le mythe de la génération spontanée des micro-organismes, démontré leur rôle dans certaines maladies et proposé des méthodes pour éviter leur action (comme par exemple la pasteurisation). Mais l'équilibre des milliers de bactéries qui colonisent nos organismes est plus complexe qu'il n'y paraît. Limiter les contacts entre une mère et son bébé pour prévenir d'éventuelles contagions s'est révélé catastrophique à de nombreux égards. Peu de temps après la mort de Pasteur, Freud publie les ouvrages fondateurs de la psychanalyse. Les concepts nouveaux de sexualité infantile et de fantasmes vont être utilisés par certains thérapeutes pour jeter le trouble sur la proximité parents-enfant. Ces éléments ont chacun à leur tour conduit à écarter le bébé du lit de sa mère. Cela explique en partie que des médecins et des psychologues ne voient pas toujours d'un œil très favorable le partage du lit.

Liens entre les différents modes de couchage et les difficultés de sommeil

Dormir avec son bébé est-il la cause des difficultés de sommeil ? Ou bien, au contraire, est-ce là la solution à nos problèmes nocturnes ? Tout et son contraire peut s'entendre. Les partisans du sommeil solitaire aboutissent à la conclusion que des difficultés de sommeil sont associées au sommeil partagé. Peut-être n'ont-ils pas tort : bien souvent chez nous, le sommeil partagé n'est adopté que quand l'enfant montre des difficultés de sommeil.

témoignage

Claude avoue céder au caprice de Damien, son fils de huit mois. Jusqu'à présent, Damien dormait seul, sans trop de difficulté. Et puis tout d'un coup, le voilà qui pleure le soir. Claude mettra ceci sur le compte des dents. Et apaisera Damien en l'acceptant dans son lit. Mais peu habituée à dormir avec un bambin déjà remuant, elle aura du mal à trouver le sommeil. Et Damien aura effectivement un sommeil agité.

Très souvent, ce genre de tableau finit chez le médecin, dont on attendra alors la recette miracle pour que l'enfant regagne ce qui est considéré comme son territoire, c'est-à-dire son lit.

Mais que s'est-il réellement passé ? En fait, une période de plusieurs mois de sommeil solitaire, plutôt bien tolérée par l'enfant, a précédé une difficulté ponctuelle jugée non tolérable, suivie par une tentative de lit partagé. Le bébé a réussi à s'adapter à la solitude, au moins dans une certaine mesure. La solution du lit partagé peut apporter rapidement ses fruits, et les parents gagnent un bébé apaisé, qui s'endort enfin facilement et qui se rendort sans trop de problème. Mais il est également possible que lui et ses parents aient du mal à s'adapter au lit partagé quand celui-ci est avant tout une réponse à des difficultés. Au final, soit cette dernière cède, et on parlera de succès ; soit elle persiste ou d'autres s'installent et la situation est vécue comme un échec. Mais vous noterez au passage que les chercheurs éludent soigneusement la première étape : si le lit partagé est, chez nous, souvent la conséquence des difficultés de sommeil, elles-mêmes sont les conséquences du sommeil solitaire imposé. Pour que le sommeil partagé soit une solution efficace aux problèmes de sommeil rencontrés après une période de sommeil solitaire, il faut que les parents y trouvent aussi du **plaisir**.

Le professeur Hélène Stork, psychologue anthropologue française, a observé les habitudes de sommeil dans trois pays fort différents : à Taïwan, au Japon et en France. Dans les deux premiers pays, le lit partagé est la norme. Elle a notamment évalué les difficultés de sommeil rencontrés dans chaque pays et elle a montré de façon claire que là où le sommeil partagé est la norme (c'est-à-dire à Taïwan et au Japon), les problèmes de sommeil sont moins fréquents qu'en France (respectivement de 57 %, 27 % et pour la France de 72 %).

Le nombre impressionnant d'études scientifiques traitant de cette question chez nous est déjà en soi un fait révélateur : ce problème semble réellement spécifique à notre culture.

Enfin, dans les observations que les anthropologues font des sociétés extra-occidentales, je n'ai retrouvé aucune description de difficultés de sommeil chez les jeunes enfants. Par contre, les auteurs ne manquent pas de souligner que les bébés dorment très souvent avec leurs parents. Terreurs nocturnes, cauchemars, balancements rythmiques, sont monnaie courante chez nous, mais semblent inconnus dans ces contrées où les adultes se montrent plus accueillants pour l'enfant.

Solitude et maltraitance sont-elles associées ?

Les mères africaines, quand elles apprennent que nous éloignons le plus possible les bébés de leur mère la nuit, voient dans ce geste une **atteinte aux besoins fondamentaux** des nourrissons. Si cela n'apparaît pas immédiatement quand on considère les enfants qui s'adaptent plutôt bien à cette situation, certaines descriptions laissent peu de place au doute et expriment bien toute la détresse des enfants. N'était-il recommandé dans un article paru en janvier 2001 dans un magazine à destination des parents de fermer la porte de la chambre d'enfant à clé quand celui-ci tente de s'en échapper pour rejoindre ses parents ? Bien peu s'offusquent de laisser un enfant appeler sa mère jusqu'à épuisement.

Comment changer de méthode et passer du sommeil solitaire au sommeil partagé ?

C'est en général ce qui va se passer quand la méthode du sommeil solitaire ne se montre pas satisfaisante. Nous savons que cela arrive souvent, et que c'est tout à fait compréhensible.

Plusieurs options sont possibles :

– Le bébé peut être accueilli de temps en temps dans le lit des parents, ou bien un des parents peut dormir ponctuellement dans la chambre de l'enfant. Il s'agit alors de satisfaire le besoin de proximité du bébé quand il le réclame, à des périodes de plus grande vulnérabilité : maladie, changement d'habitudes, déménagement, etc. C'est la solution en général retenue quand l'enfant dort habituellement plutôt bien dans son propre lit, qu'il y a été habitué (c'est-à-dire qu'il l'accepte en général bien, sans pleurs systématiques) et que cela convient aux parents. L'inconvénient sera pour l'adulte et pour l'enfant d'être souvent mal installés quand ils dormiront ensemble, car les parents hésitent alors à investir dans un lit plus grand ou dans l'achat d'un matelas supplémentaire, pour un sommeil partagé ponctuel. Associée à des difficultés de sommeil chez l'enfant, cette solution sera en général perçue comme transitoire avec même une connotation d'échec. Il faudra rester vigilant sur la sécurité du bébé (absence de couverture et d'oreiller, position de l'enfant, risque de chute, …).

– Vous souhaitez un changement plus radical, et changer complètement de façon de faire. Quelle que soit la solution adoptée, ne négligez pas l'installation pour le confort et la sécurité de tous. Ensuite, soyez patient et prévoyez un temps d'adaptation, pour les adultes comme pour l'enfant. En effet, la modification de son environnement pourra au début exciter votre enfant, car il découvre ses parents comme il ne les a jamais vus auparavant et se trouve dans une situation inédite. Même si dormir seul ne lui convenait pas, il n'est pas familiarisé aux bruits, aux mouvements, à la lumière et à la chaleur qu'il va trouver auprès de ses parents. La même chose est valable pour les parents : ils découvrent que leur bébé bouge la nuit, grogne, fait du bruit en respirant. Tous ces bruits passent inaperçus pour ceux qui les connaissent depuis le début. Il faut **se montrer patient**, et ne pas renoncer trop rapidement, ni multiplier les expériences, ce qui ne pourrait que semer la confusion pour votre enfant. Donnez-vous au moins deux-trois semaines pour trouver un nouvel équilibre.

Et les rythmes biologiques de l'enfant dans tout cela ?

Les spécialistes de la petite enfance et du sommeil évoquent très souvent les rythmes biologiques naturels des jeunes enfants. Le sommeil est constitué de périodes qui chacune offrent des tableaux physiologiques caractéristiques : sommeil superficiel, sommeil REM (Rapid Eye Movement soit « mouvements rapides des yeux »), sommeil profond. Se superposent à cela des cycles hormonaux, des courbes de température et autres mesures de paramètres physiologiques qui brossent un portrait scientifique de l'être humain quand il dort. Cette vision ne tient pas toujours compte de l'environnement de l'enfant. Les observations ne concernent, à quelques exceptions près, que des bébés qui dorment seuls ; les rares chercheurs qui se sont penchés sur les rythmes biologiques du bébé dormant avec sa mère, ont trouvé des schémas comportementaux spécifiques et différents. Ils ont montré entre autres que le sommeil du bébé et de sa mère se synchronisaient, et que le bébé avait un sommeil plus léger, ce qui est certainement favorable pour prévenir la MSN.

N'y a-t-il pas un risque de relation incestueuse ?

Les actes pédophiles font souvent la une de nos médias. La souffrance des enfants sexuellement abusés est reconnue de nos jours. Nous savons que bien souvent les bourreaux de ces petites victimes sont des proches, parfois leur propre père ou beau-père. Ces adultes ont une sexualité pervertie et dénaturée : des relations sexuelles entre adultes et individus pré-pubéres n'ont jamais été observées chez les animaux. D'après les éthnologues dont les résultats ont été repris par Boris Cyrulnik, l'attachement rend la relation sexuelle impossible.

Avoir des relations sexuelles avec son enfant n'est pas le fait du hasard d'une proximité fortuite ou habituelle ; un adulte qui a une personnalité normale ne sera pas attiré par son jeune enfant, quelles que soient les circonstances. Au contraire, partager le lit de son enfant développe l'attachement entre l'adulte et l'enfant et serait donc plutôt un **facteur de prévention**. Dormir dans le même lit n'est pas plus dangereux que de partager la même salle de bain, passer des soirées en famille, et tout simplement vivre ensemble dans une intimité familiale ordinaire.

Des concepts psychologiques tels que « complexe d'Œdipe » ou sexualité infantile ont parfois été utilisés pour mettre en garde contre une trop grande intimité, y compris entre une mère et son bébé. Certains psychanalystes n'hésitent pas à évoquer chez l'enfant le désir de relations sexuelles avec un adulte. Les pleurs incessants des bébés sont alors interprétés comme des tentatives plus ou moins conscientes de séparer leurs parents et de prendre une place qui n'est pas la leur. Cela ne correspond pas à ce que ressentent de nombreux parents. Si votre couple est solide, si vous vous considérez comme des adultes responsables, si c'est avant tout votre souci de vous occuper de votre bébé qui guide vos actions, il n'y a aucun risque de relations incestueuses, ni même de climat incestueux, quand votre bébé dort avec vous.

Besoin ou désir ?

Les bébés ne parlent pas. Et nous n'avons pas gardé de souvenirs de nos premiers mois. Nous sommes donc réduits à émettre des hypothèses sur les émotions, les besoins, les désirs de nos nourrissons. Nous avons déjà bien du mal à exprimer les nôtres, comment croire alors qu'il est simple de déterminer ceux de nos bébés ? Tout peut se lire : le bébé à besoin d'être seul, il a besoin de pleurer (hier pour se déplier les poumons, aujourd'hui pour décharger son stress), il a besoin de connaître la faim ou la soif pour apprendre le désir et sublimer sa mère. Et celle-ci doit apprendre à différencier un besoin (besoin pour survivre ou pour s'adapter à son milieu social ou pour s'épanouir, cela n'est jamais précisé) d'un simple désir qui, lui, peut et doit même, selon les experts, être contrecarré. Ces notions très larges ne sont en général pas explicitées et justifient à peu près toutes les hypothèses et toutes les méthodes d'éducation. Mais inutile d'être une experte en psychologie pour **interpréter les signaux de son bébé**. La majorité des mères considèrent les pleurs de leur bébé comme l'expression d'un besoin qui doit être satisfait. Cette même majorité cherche alors à calmer le bébé en le prenant contre elle. Et ça marche. Pourquoi ne pas faire confiance à l'expérience des mères ?

Les mères ne vont-elles pas trop fusionner avec leur bébé ?

On considère souvent que passé les premières semaines, mères et bébés doivent apprendre à être autonomes, vivre enfin « chacun pour soi » pour son travail, son mari, sa crèche ou sa nounou et couper le cordon. Trop vite ? Les difficultés qui sont le lot de ces séparations multiples jugées comme inévitables voire salutaires, remplissent des cabinets de « psy ». Qui ne savent que répondre par plus de séparation, plus de fermeté, plus d'exigences.

Pourtant, un peu plus de temps, un peu plus de respect pour le jeune bébé, un peu plus de proximité, suffiraient le plus souvent pour que l'évolution se fasse calmement, à un rythme naturel et non à celui des contraintes socio-économiques de notre époque. **Douceur et patience** font parfois gagner plus de temps que brutalité et précipitation, en prévenant les regrets, les insatisfactions, les manques, qui tôt ou tard s'exprimeront et interféreront avec le développement de l'enfant comme de ses parents.

Comment préserver une vie de couple

Tout en voulant donner le meilleur pour leur enfant, les parents souhaitent également préserver leur relation et leur vie de couple. Si le bébé dort avec ses parents, que devient donc cette vie de couple ? Existe-t-elle encore ?

Notre société se caractérise par une valorisation du couple parental qui est souvent présenté comme une cellule fermée menacée par des agents extérieurs. Le bébé devient vite un gêneur, quand il n'est pas tout simplement suspecté de vouloir saboter le couple. Nous avons vu que cette vision simpliste est ridicule.

Le plus souvent, il est conseillé aux parents de préserver leur intimité, en organisant des moments « sans le bébé » : dîner au restaurant, soirée cinéma, week-end en amoureux, etc. Est-ce indispensable ? Écarter les bébés de leur mère la nuit a-t-il été favorable au couple parental ? Divorce-t-on moins depuis que le sommeil solitaire est à la mode ?

Cela étant, ne négligeons pas les difficultés auxquelles le jeune couple sera confronté. L'arrivée d'un premier enfant est toujours un bouleversement. Cette fonction parentale toute nouvelle pour les deux partenaires du couple modifie profondément leur personnalité propre et hiérarchise différemment leurs priorités, pour bien évidemment influencer jusqu'à leur relation elle-même. Le changement dans la vie des adultes est d'autant plus intense que l'enfant arrive tard, souvent après plusieurs années de vie à deux. Des habitudes ont été prises, qui sont souvent peu compatibles avec l'arrivée d'un bébé. L'entourage des parents, les amis, la famille devront s'adapter eux aussi : c'est un peu comme si l'arrivée d'un premier bébé obligeait la terre entière à se réajuster autour de ce nouvel arrivant. De plus, l'enfant est rare, et les jeunes couples n'ont pas toujours eu l'occasion d'en côtoyer au quotidien. Les modèles sont souvent inexistants, il faut alors tout réinventer. Une période d'adaptation est souvent nécessaire et les parents devraient ne pas se montrer trop exigeants vis-à-vis d'eux-mêmes et éviter de se donner des objectifs irréalistes et contraignants les premières semaines. Si un bébé peut s'emmener partout, il aura néanmoins toujours besoin de toute l'attention de ses parents. Être parent, c'est être « sur le pont » 24 heures sur 24, le jour comme la nuit. Dormir avec le bébé la nuit permet d'installer le bébé dans sa famille. À sa place, c'est-à-dire au centre, au moins les premiers temps. Cela n'empêche pas les parents d'avoir entre eux des relations d'adultes (la question des relations sexuelles est traitée plus loin). Tous les parents apprennent assez vite à poursuivre des activités avec leur jeune enfant à leurs côtés.

Ces questions se posent de façon encore plus aiguë quand la mère dort avec son bébé, sans le père. Nous avons pris l'habitude de considérer que le mari et la femme, deux adultes à part entière, ne peuvent se passer l'un de l'autre durant la nuit. Alors que le bébé est censé pouvoir dormir seul. Un couple peut vivre sans passer ensemble toutes les nuits, dans leur totalité. C'est le cas dans de nombreuses cultures, en particulier en Afrique et en Asie, y compris pour des sociétés monogames, et c'est le cas pour de nombreuses familles occidentales. Quand cette option est choisie, la mère et le père peuvent se retrouver seuls à certains moments de la journée ou de la nuit, et retrouver une certaine intimité. Cela peut être en début de nuit après avoir endormi le bébé ; cela peut être à d'autres moments. Pour un couple conscient de ses responsabilités, cela ne représente aucun danger.

Une vie sexuelle est-elle encore possible ?

Il est tout à fait normal que les semaines qui suivent une naissance, la sexualité soit tenue pour un certain temps à l'arrière-plan. Cela ne peut remettre en question l'existence d'un couple bâti sur des fondations solides.
Après, le désir de relations sexuelles s'éveillera à nouveau. Avec des modifications qu'il faudra apprivoiser. Ce ne sera plus jamais comme « avant ». Il deviendra plus difficile de s'ébattre toute une nuit. Faire l'amour va demander plus d'attention et de créativité : attendre que le bébé s'endorme, faire moins de bruit, changer d'endroit, s'interrompre si le bébé se réveille, etc. Il est tout à fait possible de déplacer un bébé profondément endormi et ce ne sont pas quelques bruits étouffés qui le réveilleront. De toutes façons, où que dorme le bébé, les parents devront **faire preuve d'inventivité**, et compter avec lui, ne serait-ce que psychologiquement. Et cela reste valable de longues années : la présence d'enfants, d'adolescents, de jeunes adultes, est un élément qui devra également être pris en compte pour **préserver une certaine intimité** au couple des parents.

La vie ne va-t-elle pas se centrer uniquement sur l'enfant ?

Chez nous il est courant de proposer aux parents d'interagir avec leurs enfants durant les périodes dites « d'éveil » présentées comme des moments privilégiés voire même des moments clés qu'il convient de ne pas laisser passer. Les moments où le niveau de conscience de l'enfant est abaissé, comme son sommeil, ne semblent pas intéressants d'un point de vue relationnel ou du développement général de l'enfant. C'est méconnaître les échanges et les bénéfices relationnels du sommeil partagé. Cette erreur nous oblige à donner beaucoup d'attention consciente lors de moments que nous pensons mieux choisis. Les parents qui ont des relations intimes comme celle qui consiste à dormir avec leur bébé, n'ont pas besoin de faire tant d'efforts : ils ont déjà donné beaucoup à leur enfant, d'une façon toute simple et sans même y penser. Ils ne culpabiliseront pas quand, au lieu d'inciter leur bambin à découvrir un nouveau jeu ou un nouveau livre, ils le laisseront s'amuser à leurs côtés sans autre intervention qu'une surveillance flottante ordinaire. Eux, de leur côté, pourront se livrer à des activités spécifiques (lire un livre, regarder un film, discuter avec un voisin). Inutile de se procurer le dernier jouet à la mode censé stimuler l'attention du bébé : il aura déjà reçu de nombreux stimuli fort bénéfiques pour son développement comme pour votre relation. Donc, contrairement à ce qu'on croit bien souvent, s'occuper ainsi de son bébé, en restant à proximité lors de son sommeil notamment, permettra d'avoir plus de temps pour des activités spécifiques, non centrées sur l'enfant, mais tout simplement en sa compagnie.

Nous avons tous entendu la phrase rituelle de nos jours : mieux vaut passer de courts moments de bonne qualité avec ses enfants que de longs moments jugés moins intenses sinon pesants. Les réalités de la vie sociale amènent peut-être ce type de disponibilités des adultes. Mais c'est gommer les effets tout à fait bénéfiques d'une **présence continue et légère** qui laisse en fait au bébé la liberté de s'ouvrir vers l'extérieur en situation de sécurité intérieure complète. Les bébés laissés libres d'agir à leur guise dans cette proximité rassurante développent peut-être plus rapidement une **autonomie réelle** et non factice que les bébés dont la vie est hachée en périodes de stimulation intense suivies de périodes de solitude. Nous faisons un mauvais calcul en pensant que la première attitude (un maternage de proximité) coûte plus de temps et d'énergie aux parents.

Combien de temps cela va durer ?

Voilà une préoccupation fréquente pour les parents, surtout quand il s'agit d'un premier enfant. Il est clair qu'un bébé est appelé à évoluer, pour devenir un enfant puis un adulte. Comme de nombreux comportements actifs à la naissance, le sommeil partagé est l'expression même des capacités du bébé. Celles-ci évoluent, et entraînent l'évolution des pratiques associées, parfois jusqu'à leur disparition. Bien évidemment, cette évolution est positive ; voir grandir son enfant est une véritable satisfaction pour les parents. Un jour, le bébé marche, parle, devient propre, va à l'école, apprend un métier, quitte finalement le nid familial pour bâtir le sien. Un jour donc, il quittera le lit de ses parents, et ira dormir ailleurs. Nous sommes chez nous très pressés de voir nos bébés évoluer et devenir autonomes. Comme si devancer les étapes permettait de mieux les franchir. Or, il est reconnu aujourd'hui que les bébés devraient téter deux ans au moins. Attendre qu'un enfant soit prêt pour franchir une étape n'est pas une perte de temps. Au contraire, il gagnera en confiance (en lui, en son entourage) et en assurance. À quoi sert-il donc de dresser un enfant à être propre trop tôt ? À en faire un énurétique ? À quoi sert-il de pousser un enfant à marcher ? À l'empêcher de trouver lui-même son équilibre corporel ? Aller plus vite que la musique n'apporte rien à l'enfant, au contraire. Il n'est pas certain non plus que cela apporte quelque chose aux parents, car la pseudo-autonomie construite à grand frais est bien fragile, et se brise au moindre coup de vent. Cela concerne également le sommeil partagé. Il n'est pas simple d'indiquer une durée au-delà de laquelle le sommeil partagé ne serait plus adapté à l'enfant. Je pense plutôt que le sommeil solitaire n'est pas le comportement naturel de l'homme, en dehors peut-être de périodes assez courtes (autour de l'adolescence, quand les fonctions sexuelles sont actives et que le jeune adulte n'a pas encore de vie sexuelle régulière ou de vie familiale). Peut-être existe-t-il également une différence selon le sexe. Dans le monde, durée de sommeil partagé et durée d'allaitement sont intimement liés. Bien souvent les bébés tètent plus de deux ans, ce qui correspond vraisemblablement à la durée minimum de la cohabitation nocturne mère-bébé. Après la période de proximité mère-enfant, le sommeil partagé peut concerner d'autres personnes.

Admettons maintenant que l'enfant se soit développé dans un cadre sécurisant, c'est-à-dire à proximité de ses parents, y compris la nuit. Arrive un moment où l'exploration et les relations hors parents prennent une importance telle que l'enfant ne ressentira plus autant le besoin de dormir avec ses parents. Il préférera par exemple partager la chambre d'un grand frère, appréciera un certain isolement lui permettant d'écouter de la musique, de lire, de faire librement ce qu'il veut sans être sous le regard permanent de ses parents. Si ce désir d'indépendance est typique de l'adolescence, il se manifeste déjà souvent avant la puberté. Pourquoi s'interdire de penser que les parents et l'enfant puissent ressentir quasiment simultanément qu'il est temps de prendre un peu de distance ? Cette étape sera alors vécue comme tout à fait positive, et comme la suite logique d'un processus global. Un enfant qui aura eu son comptant de proximité ira de l'avant, et sortira du lit de ses parents sans remords et sans nostalgie, en toute liberté. Les possibles sentiments de tristesse seront certainement compensés par le plaisir de grandir et de gagner des possibilités nouvelles pour l'enfant, et le plaisir pour les parents de voir leur enfant se développer. Bien sûr les parents ont aussi leur mot à dire. Cette relation de proximité qu'est le sommeil partagé est une relation à deux, à trois, voire plus. D'une façon générale, plus un enfant est grand, mieux il comprendra et acceptera la fin de cette relation de sommeil. Mais il est vrai qu'il pourra s'opposer à une modification brutale de son mode de vie : **l'écoute, la patience et la confiance** sont alors la clé d'une évolution sereine. Les personnes qui craignent de voir l'enfant succomber au besoin de proximité reconnu implicitement comme néfaste ou comme un puits sans fond, ne sont-elles pas elles-mêmes victimes de séparations précoces qui les maintiennent dans une relation de regret vis-à-vis d'une proximité d'avec leurs parents trop précocement interrompue.

Maman ou papa ?

Même si nous avons parfois évoqué les parents, donc le père et la mère, cette dernière est au premier plan de notre discours. Il est clair que bien souvent la proximité concernera en premier lieu la mère et son bébé. Pour une raison bien simple : c'est elle qui allaite. Ce qui ne veut pas dire que le père n'a pas sa place aux côtés du bébé. En l'absence de la mère, le père peut tout à fait rassurer seul son bébé. Quand l'enfant est plus grand (par exemple à partir d'un an), il arrive souvent qu'il ne tète plus chez nous. Dans ce cas, le père peut pratiquement jouer le même rôle sécurisant que la mère. Quand un nouveau bébé arrive, le père est souvent plus présent pour les aînés, et pourra se charger de les réconforter durant la nuit pendant que la mère se consacre plutôt au nouveau-né. Il est rare que seul le père dorme avec son bébé. De tels cas sont en général liés à l'impossibilité pour la mère de se trouver à proximité de son nourrisson (hospitalisation, déplacement professionnel, insomnie, ...).

Le lit familial est une solution tout à fait pertinente quand le père souhaite profiter le plus possible de son bébé, dès les premiers jours. Il pourra ainsi partager du temps et du plaisir à être avec son bébé durant les nuits, comblant ainsi en partie son absence durant la journée.

Quand les parents sont séparés

Si le sommeil partagé est à peine toléré dans notre société dans les cas de figure habituels, nous avons déjà vu que dans les cas « particuliers » il était encore plus vivement déconseillé. Si les parents sont séparés ou divorcés, une fois de plus le sommeil partagé sera considéré comme néfaste. C'est pourtant à ce moment-là que la mère ou le père auront le plus tendance à choisir cette option : l'adulte se retrouve seul, la sexualité des parents n'est évidemment plus un problème (nous avons vu qu'elle était souvent vécue comme un obstacle au sommeil partagé), l'enfant est perturbé par la séparation et réclame plus d'attention. Des psy verront alors dans le sommeil partagé un risque pour l'enfant de « jouer » au parent qui n'est plus là, et pour le parent d'utiliser l'enfant comme substitut d'un compagnon ou d'une compagne. Mais n'est-il pas normal que deux êtres aussi familiers qu'un adulte et son enfant dans un moment souvent empreint de tristesse et de solitude souhaitent se rapprocher et se réconforter mutuellement ? Et n'est-il pas alors absurde de leur refuser cette intimité d'une nuit partagée ? Je ne pense pas, une nouvelle fois, qu'il y ait risque de confusion, ni chez l'enfant, ni chez le parent. Et ce, quel que soit leur âge. Si la relation père-enfant ou mère-enfant est solide, si l'attachement entre le parent et l'enfant est réel, il n'y a pas de danger.

C'est souvent à l'occasion d'une séparation (temporaire ou définitive) que les parents pourront expérimenter ce qu'est la solitude nocturne.

Et si mon bébé semble vouloir dormir seul ?

Certains enfants semblent se satisfaire plus facilement que d'autres du sommeil solitaire. Les parents adopteront alors plus facilement cette solution, mais il est bien rare qu'il n'y ait pas une période où l'enfant se réveille et réclame la présence de ces parents. Il est fréquent par exemple que les bébés fassent leurs nuits vers 4 mois, puis se réveillent à nouveau vers 8-9 mois. Il est également possible que les parents souhaitent dormir avec leur bébé (ils sont naturellement programmés pour cela eux aussi). Il n'est pas nécessaire d'attendre que des difficultés de sommeil liées au sommeil solitaire apparaissent pour dormir avec son enfant.

Quand mère et bébé sont séparés le jour

Bien souvent, le bébé qui faisait ses nuits se réveille à nouveau au moment de la reprise par sa mère d'une activité professionnelle. Les changements qui bousculent alors le quotidien du bébé (séparation d'avec la mère et garde par une tierce personne) le perturbent et il est normal qu'il ait besoin de se réassurer auprès de sa mère tout le temps où celle-ci est disponible. Notre société a tendance à oublier qu'un jeune enfant ne peut pas toujours se contenter de voir sa mère 3 ou 4 heures par jour. Le petit humain a **besoin de proximité** avec sa mère. De même, la mère a besoin de son bébé et de son contact. Dormir ensemble la nuit permettra à l'un comme à l'autre de mieux satisfaire ce besoin réciproque de proximité. Cela permettra aussi aux mères qui allaitent de stimuler la production de lait à un moment où le bébé ne tétera plus autant dans la journée.

Ne risque-t-on pas d'avoir un enfant qui n'accepte aucune limite ?

Définir des limites est une des composantes de l'éducation des enfants. C'est reprendre ici un consensus universel que de reconnaître que les éducateurs, parents et autres, ont souvent à poser et à faire respecter des règles. Il est de bon ton aujourd'hui de regretter le manque de fermeté des parents, et de se lamenter sur nos banlieues incivilisées. Laissons ces généralités pour nous concentrer sur ce qui nous concerne ici : élever son bébé dans une proximité corporelle non limitée pourrait-il induire chez ce dernier des comportements hostiles à certaines limites proposées par ailleurs ? Les parents qui adoptent ce style de maternage ne risquent-ils pas de tout permettre ? Non, et pour plusieurs raisons. Tout d'abord les bébés élevés contre leur mère, avec le sein à volonté de jour comme de nuit, connaissent eux aussi des frustrations. Cela n'empêchera pas en effet le bébé d'avoir parfois mal, de ressentir des tensions internes, de souffrir du chaud, du froid. Les frustrations sont certes moins fréquentes que pour un bébé élevé avec des règles rigides. Mais si l'on admet que ressentir des frustrations est nécessaire pour être apte à la vie sociale, il n'est jamais question ni de leur nature ni de leur quantité. Cinq minutes, un quart d'heure, une heure par jour ? Il n'est peut-être pas nécessaire pour un bébé de patienter un quart d'heure pour téter afin de véritablement connaître une insatisfaction. En fait, nous touchons là du doigt la difficulté et la complexité de l'ajustement des parents, et plus

particulièrement de la mère, à leur enfant. Cette dernière devra interpréter les mille et une situations banales qui font la vie de tous les jours. Et dire une généralité aussi vague que *« il faut que le bébé apprenne à attendre »* ou *« la mère doit différer sa réponse pour que le bébé puisse la sublimer »*, ne veut en fait pas dire grand chose. Curieusement, dans les sociétés où les bébés vivent en symbiose avec leur mère, les enfants connaissent souvent des situations exigeantes et contraignantes. Ce n'est pas en limitant le nombre de tétées et la proximité nocturne à un an que l'on résoudra le problème de l'incivilité de nos adolescents. Chaque chose en son temps. Limiter la proximité mère-bébé pourrait même conduire les enfants à ne pas supporter les frustrations ultérieures, en ne leur permettant pas de faire le plein d'attachement quand il est temps pour eux de le faire. Un enfant rassuré sur l'engagement affectif de ses parents acceptera mieux leurs exigences, ou les exigences sociales futures inévitables. Il aura bien le temps d'être confronté à une limitation de la proximité. Les occasions d'attendre viennent toutes seules, inutile de les provoquer : ainsi en est-il de la mère qui mouche son aîné avant de donner le sein à son bébé, ou qui le pose cinq minutes par terre pour prendre sa douche ou éplucher des pommes de terre. Cela peut être aussi une course de la mère, ou la reprise d'une activité professionnelle. L'omnipotence d'un bébé qui assouvirait tous ses désirs et développerait de cette façon une individualité égocentrique, est un fantasme de psychologue : ce bébé n'existe pas, même dans les campagnes les plus reculées du monde.

Quand on doit quitter son bébé pendant quelques nuits

On vous propose de suivre une formation loin de chez vous, et vous hésitez. Que va devenir mon bébé si je m'absente et qu'il dort habituellement avec moi ? Tout va dépendre de son âge. Avant six mois, des séparations de plus d'une journée sont à mon avis à éviter. Après la première année, le bébé pourra mieux supporter une nuit sans sa mère. Dépasser cette durée est sans doute prématuré pour la plupart. Là encore, il faut s'adapter à son enfant, évaluer ses capacités. Ce n'est pas toujours facile, d'autant plus que chaque enfant est différent : vous seul pourrez juger de la situation.

Il peut arriver que vous n'ayez pas le choix : vous devez partir, le bébé ne peut pas venir avec vous. Il est possible tout de même de rendre les choses plus faciles. Bien souvent, les bambins qui sont habitués à dormir avec quelqu'un auront besoin de la proximité d'un adulte quand l'un des parents s'en va. Dans le cas du lit familial, il sera plus facile de passer ce cap difficile, puisque l'un des parents reste. C'est également vrai quand c'est un autre adulte que les parents qui s'occupera du bébé.

témoignage

Juliette qui devait s'absenter une nuit avec son mari, avait laissé sa fille Axelle alors âgée de deux ans (encore allaitée et dormant fréquemment avec ses parents) à la garde d'une amie. Cette dernière avait suivi les recommandations de Juliette et disposé un petit matelas à côté de son propre lit. Quand Axelle s'est réveillée la nuit, comme d'habitude, il a suffi de lui dire « Maman n'est pas là, rendors-toi » pour qu'elle se rendorme immédiatement.

Nous avons souvent des témoignages de parents très étonnés de voir comment leur bambin qui d'habitude dort peu et se réveille fréquemment chez eux, semble profiter d'un séjour chez une grand-mère pour passer une nuit complète sans rien demander. C'est une illustration que les réveils sont aussi destinés à entrer en relation avec les parents : ceux-ci absents, les réveils ne se justifient pas de la même façon. C'est également l'observation qui est souvent faite chez l'assistante maternelle ou à la crèche : le bébé qui est moins stimulé d'un point de vue relationnel (car rien ne peut se comparer à l'intensité de la relation avec sa mère ou son père) dort bien plus longtemps que chez lui.

Quelques difficultés de sommeil

– Cauchemars ou terreurs nocturnes

Que faire lorsque votre enfant a des cauchemars, ou pleure la nuit sans qu'il y ait de causes apparentes ? Ce n'est pas avant un ou deux ans que l'enfant peut avoir des cauchemars. Ces rêves effrayants peuvent causer des pleurs qu'il est parfois difficile de calmer. Là encore, quand vous dormez avec votre bébé, vous pouvez intervenir dès les premiers symptômes : agitation des membres, gémissements, pleurs. Rassurez le bébé en lui proposant à téter s'il tète encore et s'il l'accepte, enveloppez-le de vos bras, parlez-lui calmement. Dans certains cas, votre enfant semble impossible à calmer, il refuse tout contact, crie « non ! ». Parfois, attendre patiemment est la seule chose à faire. Et dès qu'il l'accepte, calmez-le de la meilleure manière possible. Ici, rien ne vaut l'expérience et la connaissance intime que chaque parent a de son enfant. Certains sont apaisés par un verre d'eau, par un petit tour dans la maison ; d'autres préfèrent se rendormir au son de votre voix.

– Difficultés d'endormissement

Si votre enfant met très longtemps pour s'endormir, peut-être pourriez-vous différer son heure de coucher. Car ne s'endorment que les enfants fatigués (c'est à peu près la même chose pour nous). Au fur et à mesure que votre enfant grandit, ses besoins en sommeil diminuent. Il saura également mieux lutter contre le sommeil, et dans certaines circonstances particulières, il mettra plus de temps que d'habitude pour s'endormir. Peut-être également est-il temps de proposer plus d'activités dans la journée et de se passer de sieste de temps en temps (il peut y avoir des jours avec sieste, et des jours sans).

témoignage

> *Quand Léo, alors âgé de trois ans, rentrait chez lui en poussette, en fin d'après-midi, sa mère lui donnait un petit jouet pour l'occuper quelques minutes. Sinon, les mains vides, Léo s'endormait tout de suite, en général pour quelques minutes seulement, et mettait ensuite énormément de temps à s'endormir le soir. Mais ce qui est valable pour l'un, ne l'est pas pour l'autre*

Essayez de faire de l'endormissement un moment agréable pour vous : peut-être votre enfant ne sera-t-il pas gêné par une petite lumière vous permettant de lire. Vous pouvez changer l'endroit de l'endormissement : soit un endroit plus calme si vous avez l'impression que le bruit gêne votre enfant ; soit au contraire un endroit un peu animé, où l'enfant se sentira en sécurité.

– Diminuer le nombre de tétées nocturnes

Quel plaisir de donner le sein en dormant à son bébé au creux du lit ! Nous en sommes tous convaincus, mais il arrive parfois que les bébés tètent vraiment très souvent, et que cela gêne sa mère pour dormir. Par exemple Nolwen, qui, à 9 mois, tète toutes les heures, laissant sa mère, Nadine, épuisée le matin, sans force, car elle a beaucoup de mal à se rendormir entre des tétées aussi fréquentes. La première chose à essayer est de proposer plus souvent le sein à votre bébé le jour (le soir en rentrant du travail, le matin avant de partir). Il est possible d'espacer les tétées, par exemple en chuchotant « chhhutttt, dodo », au moment du micro-réveil, ou bien en caressant ses cheveux, en massant son dos. Quand vous lui donnez le sein, essayez d'écourter les tétées, rendez-les un peu moins confortables pour votre bébé afin qu'il lâche le sein plus rapidement. Vous pouvez également modifier légèrement l'arrangement nocturne, éloigner un petit peu votre bébé, ou l'endormir dans un autre lit. Parfois il suffit de quelques centimètres de plus pour que vous ne soyez pas réveillée par des bruits de succion ou autres que font les bébés en dormant. Il ne s'agit pas de laisser le bébé pleurer, mais plutôt de ne pas bondir sur lui au premier bruit. Le papa joue un rôle important là aussi. Il peut essayer de s'occuper de son bébé durant au moins une partie de la nuit, ou pour certains réveils. Le bébé pourra protester au tout début et son père le promènera dans la maison, le bercera, etc. Il aura donc besoin de pouvoir récupérer de ses nuits écourtées dans la journée (méthode à essayer durant un week-end par exemple). Le principal est de rester souple, et de savoir que tout ne se règle pas en quelques nuits. En tâtonnant, vous trouverez votre solution.

– Quand ce sont les adultes qui dorment mal

Nous le savons bien : les occidentaux ont bien souvent des difficultés de sommeil, et l'usage de somnifères ne semble pas diminuer. J'ai souvent rencontré des mères qui, en premier lieu, me disaient avoir un problème de sommeil avec leur bébé. Mais au fil de la conversation, il s'avère que c'est souvent elles-mêmes qui ont des difficultés à dormir.

témoignage

Martine vient de donner naissance à son quatrième bébé. Comme pour son enfant précédent, elle l'allaite et le fait dormir contre elle. Quand elle me dit avoir des problèmes de sommeil, elle reconnaît assez vite que ces problèmes sont plutôt liés à son anxiété. Son bébé se réveille la nuit pour téter, mais le problème est qu'elle n'arrive plus à se rendormir après, son esprit préoccupé par des soucis familiaux.

Certaines mères ne peuvent dormir que dans le noir complet, d'autres sont obsédées par les réveils de leur bébé, et comptent les minutes, les yeux rivés sur le cadran lumineux du réveil, d'autres encore ne se rendorment plus après une certaine heure. C'est alors plutôt du côté de l'adulte que le problème devra être résolu.

Et quand vraiment on ne veut plus ?

Il arrive que dormir avec son enfant génère plus de désagrément que de plaisir. Un enfant qui dort en bougeant beaucoup, un autre qui veut tout le temps téter, un parent fatigué ou irrité, une nouvelle naissance qui rend le lit trop petit. Quand un adulte ressent véritablement qu'une évolution serait souhaitable, la première des choses à faire est d'**en parler**. Quel que soit l'âge du bébé, lui parler permet à l'adulte de s'exprimer, et parfois même de clarifier son raisonnement, ses sentiments et ses souhaits. Pour se comprendre, c'est un premier pas indispensable. Ensuite, des aménagements pratiques peuvent améliorer la situation. Vous pouvez passer du lit familial à la chambre familiale (le bébé dort dans son propre dispositif de sommeil, particulièrement efficace pour les bébés remuants). Il est possible d'être ferme, c'est-à-dire d'adopter une attitude avec conviction, **sans violence**.

Dans le cas du sommeil partagé mère-enfant dans la chambre de l'enfant, la mère rejoint ce dernier quand il l'appelle la nuit. À partir de 2 ans, parfois avant, parfois après, il arrive que l'enfant appelle moins, ou presque plus. Cette solution permet ainsi de diminuer progressivement la proximité nocturne, tout en restant à l'écoute du besoin de l'enfant.

Vous pouvez également proposer à votre bambin d'aller dormir avec un frère ou une sœur aînée (particulièrement efficace à partir de 2 ans), en faisant valoir un nouveau lit, une nouvelle lampe de chevet que l'enfant pourra allumer et éteindre à sa guise, bref, une promotion de « grand », source de fierté.

Pour que votre enfant soit rassuré, n'hésitez pas à lui dire que vous autorisez les retours en arrière : un matelas peut rester dans la chambre des parents, en cas de besoin ; ou bien l'enfant peut retourner dans le lit des parents en fin de nuit.

Jusqu'à l'âge de 7-8 ans, les enfants peuvent avoir besoin de proximité. Et même après, certains n'aiment pas dormir seuls. Par contre, des arrangements peuvent être proposés qui ne lèsent pas le besoin des parents soit de dormir tranquillement (sans trop de bruit ou d'agitation) soit d'avoir des moments d'intimité. Plus l'enfant est grand et plus il est facile de lui **expliquer vos propres besoins**, pour trouver ensemble une solution satisfaisante pour tous. Dans tous les cas, faites preuve de **patience** : il n'est pas raisonnable d'attendre d'un petit bébé de six mois qu'en deux ou trois nuits il s'adapte à une nouvelle situation sans manifester sa réprobation. Laisser pleurer un enfant ne devrait jamais être une option délibérément choisie. Il est possible de faire évoluer favorablement une situation en douceur, en respectant les besoins fondamentaux de son enfant, c'est-à-dire affection et sécurité. Et si votre enfant exprime de la tristesse devant cette nouvelle situation, réconfortez-le, même si vous êtes décidé à maintenir le changement. Reconnaissez son chagrin en l'évoquant avec lui, et prenez-le dans vos bras pour ne pas laisser le doute s'installer : vous l'aimez toujours !

L'essentiel du sommeil partagé

- *Respectez le besoin de sommeil de l'enfant, et ne le forcez pas à dormir ni à se coucher.*
- *Respectez son besoin de proximité, et le vôtre ; ne vous imposez pas de séparation sur prescription sociale.*
- *Plusieurs organisations pratiques peuvent être adoptées, qui permettent une multitude de possibilités, adaptées à chaque famille, à chaque situation :*
  - *Le lit familial : le bébé dort avec ses deux parents, en général à côté de sa mère.*
  - *Le lit mère-bébé ou père-bébé : le bébé dort avec un de ses parents, l'autre dort ailleurs.*
  - *La chambre familiale : le bébé dort dans son propre dispositif de couchage dans la chambre des parents ; il peut être accueilli ponctuellement dans leur lit (lors des tétées par exemple).*
  - *Un parent dort dans la chambre d'enfant, souvent en utilisant un lit d'appoint (par exemple lors d'une maladie).*
- *Facilitez l'endormissement en restant à proximité, en donnant le sein, en maintenant une ambiance normale dans la maison.*

Soyez prévoyant, même si votre bébé ne dort pas tout le temps avec vous

- *Matelas ferme aux dimensions du lit ou posé sur le sol (si besoin utilisation d'une barrière parfaitement adaptée au lit pour éviter les chutes).*
- *Préférez les draps et couvertures à la couette ; la tête du bébé doit toujours rester dégagée.*
- *Chauffage de la pièce à 18°C maximum en hiver.*
- *Bébé couché sur le dos.*
- *Allaitement maternel avec tétées à la demande.*
- *Bébé dans la chambre des parents jusqu'à un an au moins.*
- *Dans certains cas, le bébé ne devrait pas partager le lit d'une autre personne :*
  - *Quand celle-ci consomme du tabac, de l'alcool, des somnifères, du cannabis ou autre.*
  - *Quand sa vigilance est diminuée (maladie, ...).*
  - *Quand il a moins de six mois, le bébé ne devrait pas dormir contre un jeune enfant (frère ou sœur).*

Porter son bébé

D'amour et de lait. C'est vrai, c'est tout ce dont a besoin votre bébé. Mais avec un petit bout de tissu en plus, tout sera encore plus facile. D'après ce qu'on vient de voir, bien peu d'accessoires sont nécessaires quand on allaite son bébé pour peu qu'il passe ses nuits à vos côtés. Le dispositif de portage est sans doute le seul accessoire nécessaire à cette situation de proximité, et il deviendra très vite un compagnon fort utile. Grâce à lui, vous pourrez rester active avec votre bébé dans vos bras. Non, un allaitement sans restriction avec des tétées fréquentes n'est pas réservé à une élite riche et désœuvrée. Oui, un porte-bébé hamac vous permettra de donner le sein en cherchant votre aîné à l'école, en faisant vos courses, en allant au cinéma, ou en assistant à une réunion de travail. Même si cela suscite bien souvent l'étonnement de votre entourage. Combien de fois n'aurai-je pas entendu cette question : *« Il n'est pas trop lourd ? »*. Et croisé des regards étonnés devant un grand bébé encore porté dans une écharpe. *« Non, il n'est pas trop lourd. Et puis vous savez, j'ai un système très efficace et très agréable, pour moi comme pour lui »*. Oui, j'ai souvent expliqué et justifié la façon de porter mes jeunes enfants. En général, cela déclenchait plutôt des regards sympathiques : il paraissait sans doute assez évident que le bébé s'en portait plutôt bien ; c'est plutôt pour la mère que l'on s'inquiétait.

Comment j'ai porté mes bébés

experience

Avant la naissance de Thomas, on m'avait offert un Snuggli. J'ai tout de suite voulu porter mon bébé avec. Cette poche kangourou était très confortable pour moi comme pour lui (larges bretelles pour le porteur, double et large enveloppe pour le bébé), mais ne lui permettait pas de téter quand il y était installé. J'ai utilisé cet ustensile de portage pour mes quatre premiers enfants. Si j'ai toujours trouvé très agréable de porter mes bébés, je considérais également au début que la poussette restait indispensable. J'ai ainsi dépensé beaucoup d'énergie à porter un landau jusqu'au quatrième étage (sans ascenseur) les premiers mois suivant la naissance de Thomas. C'est avec Maxime que j'ai commencé à utiliser ce que nous avons tous appelé ensuite dans la famille « le tissu » : un simple morceau de tissu noué sur l'épaule, qui me permettait de le porter sans effort sur la hanche. C'est ce même « tissu » que j'ai utilisé pour Camille. Également, j'ai essayé avec elle le portage au dos, à l'africaine, en utilisant un pagne offert par une amie. Avec Marin, je me suis fait réellement plaisir : j'ai acheté et utilisé le Porte Câlllin de La Leche League, essentiellement pour les petits trajets, ainsi qu'une écharpe très fonctionnelle pour les grandes courses. Aussi bien Camille que Marin n'ont fait connaissance avec la poussette qu'à partir de 5-6 mois. Et encore, de façon très ponctuelle.

Pourquoi porter son bébé ?

À l'heure où les accessoires commercialisés dans le but de vous décharger du bébé n'ont jamais été si nombreux, quelles sont les raisons qui poussent certaines mères à porter leur bébé ? Les poussettes rembourrées aux gais coloris avec leur système de protection performant, leur profilage aérodynamique, leur tenue de route digne d'une berline et leur modulabilité renforcée, semblent être de véritables nids sécurisants high-tech pour nos tout-petits. N'ont-elles pas tous les avantages ? Et bien non. Pour le bébé mais aussi pour sa mère ou son père, le fait de porter son enfant présente de nombreux bénéfices que l'on ne retrouve pas avec une poussette.

– Du côté du bébé

Tout d'abord, les poussettes ne permettront jamais au bébé de bénéficier des stimulations procurées par le corps d'un adulte : contact cutané et stimulation de la peau, organe sensoriel majeur, et véritable massage permanent dont le bébé porté profite sans effort de la part de l'adulte. Mais également stimulations vestibulaires, induites par les mouvements multiples et variés du porteur. Car si la poussette bouge elle aussi, ses mouvements et surtout sa tonicité, sa réactivité au contact du bébé, ne pourront jamais rivaliser avec toutes les sensations occasionnées par un être humain en mouvement. Elle se déplace sur un plan horizontal fixe, avec des mouvements d'une grande ampleur ; au contraire, un porteur humain fera des mouvements dans toutes les directions possibles de l'espace, avec des vitesses très variables, d'ampleur beaucoup plus resserrée, avec de fréquents changements d'orientation. Des études ont montré que les bébés africains ont un tonus et une facilité gestuelle mieux développés que nos bébés occidentaux : le fait d'être porté presque continuellement contre le dos de leur mère apporte bien plus de **stimulations** que nos séances de massage européennes, maigres rattrapages tarifés.

Quand il fait froid, le portage est la seule façon d'être assurée que votre bébé ait suffisamment chaud. Dans ce cas, le mieux est de limiter les épaisseurs de tissu entre la mère et le bébé. L'idéal est même d'être peau à peau puis de vous emmitoufler ensemble sous un manteau épais et chaud : la chaleur transmise par un corps humain est de loin la plus efficace pour réchauffer un autre corps humain, les Eskimos et les alpinistes le savent depuis longtemps.

Vous savez sans doute qu'une malposition de la hanche peut être à l'origine de difficultés ultérieures chez l'enfant, et fait l'objet de dépistage chez nous. En maintenant les jambes du bébé écartées par un système de portage adapté, ce type de problème est en fait prévenu (il est alors inutile d'utiliser des attelles ou autres dispositifs correcteurs).

Quand le bébé est gardé par une autre personne que ses parents, et surtout quand il est accueilli dans un lieu de garde collectif, le système de portage peut devenir un point de repère en restant avec le bébé. Tout naturellement il gardera l'odeur de son porteur : appartenant à la fois à l'adulte qui porte et à l'enfant qui est porté, et mieux que n'importe quel autre bout de tissu, il évoquera pour le bébé le lien qui l'unit à son parent. Quand j'emmenais Marin âgé de deux ans à la halte-garderie, j'utilisais ainsi mon Porte Câlllin. En laissant mon fils, à chaque fois je lui faisais bien remarquer que le « tissu » restait avec lui à la garderie et que j'en aurais besoin pour venir le chercher.

– Du côté de la mère

L'avantage évident concerne le transport facilité du bébé sans tenir compte des escaliers, des passages étroits, des marches de trottoirs, des chemins de terre et de tous ces obstacles qui rendent la conduite d'une poussette difficile. Prendre le métro, monter quatre étages, sauter dans un bus à l'heure de pointe, se faufiler dans un marché, partir en randonnée, tout ceci est bien plus facile à faire avec un bébé bien attaché sur vous. De plus, pas de poussette à ranger, plier, ou surveiller : le tissu se range dans votre sac, sert éventuellement de couverture ou de coussin une fois roulé en boule. Vous pouvez par exemple vous passer complètement de poussette, au moins les six premiers mois : vous économiserez l'achat d'une version modulable souvent très chère, et vous pourrez vous contenter de la poussette canne standard bien plus abordable et légère. Parfois, si vous habitez la campagne par exemple, ou tout simplement si vous ne voulez pas l'utiliser, la poussette pourra n'avoir aucune utilité.

expérience

Quand j'allais chercher mes enfants à l'école, je croisais souvent des mères bien encombrées avec leur bébé dans le siège auto, certes petit et modulable, mais bien moins pratique que mon porte-bébé ultra-simple. Et le parvis de l'école se transformait en parking à poussettes, où il était parfois difficile de trouver une bonne place (c'est-à-dire près de la porte), avec des bébés que l'on laissait ainsi, parfois sans surveillance, le temps de chercher un aîné.

Un autre avantage, quand vous portez votre bébé sur le côté ou devant vous, sera de pouvoir donner à téter sans même avoir à vous arrêter ; il vous suffit de lever votre tee-shirt car tout le monde est déjà en place pour une tétée complètement invisible si vous rabattez sur le visage de l'enfant un morceau de tissu. Voilà un excellent moyen de rester discrète même dans un métro bondé ou en réunion de travail. Attention à bien choisir le porte-bébé : certains systèmes ne permettent pas d'allaiter simplement car ils recouvrent complètement vos seins (voir plus loin).

Les jours où votre bébé ne semble que vouloir être dans vos bras, utiliser un dispositif de portage vous permettra alors de vous occuper du reste de la maisonnée tout en satisfaisant votre bébé. C'est parfois la seule façon d'avoir un bébé calme tout en préparant le dîner ; c'est parfois le seul moyen d'endormir un nourrisson peu enclin à se reposer seul, tout en répondant à son courrier.

expérience

En vacances dans une maison inconnue, Marin, alors âgé de 9 mois, ne s'endormait qu'en tétant dans le fameux « tissu ». Une fois endormi, je le déposais sur notre lit où il poursuivait sa nuit ou sa sieste. La seule vue de ce bout de tissu suffisait souvent à le calmer.

Mon amie Irène s'est énormément servi pour Yann, son cinquième enfant, de ce même accessoire. Elle l'appelait son « utérus avec vue ». Et c'est bien ce qu'il était, véritable poche kangourou dans laquelle son fils a passé pratiquement toutes ses journées les premiers mois.

Pour moi qui ai un dos sensible, avec une colonne vertébrale à la limite de la scoliose, ces systèmes de portage qui maintiennent le bébé très près du corps étaient ceux qui me convenaient le mieux. Quand le bébé repose largement sur le corps de l'adulte qui le porte, il peut participer activement au portage, en s'agrippant non seulement avec les mains, mais avec les jambes. Il est capable dès les premiers mois de s'agripper tout seul le temps de nouer l'écharpe, pour peu qu'il puisse bénéficier de l'appui d'une hanche ou d'un dos. Et bien sûr, plus il est près de votre propre centre de gravité, moins il sera lourd à porter.

Et puis le **plaisir**. Le plaisir de sentir votre bébé, de sentir son odeur, le nez dans ses cheveux, de lui caresser la joue, comme ça, sans raison, de l'embrasser parce que l'envie vous en prend. C'est cela aussi, porter son bébé.

Donc pour résumer, porter son bébé de cette façon, c'est pouvoir en même temps l'apaiser, le transporter, le stimuler, l'allaiter. Avec en plus le plaisir du contact et la simplicité à tout petit prix pour la mère.

Comment porter son bébé ?

Vous trouverez ici la description des principaux systèmes de portage, avec chacun leurs particularités. Leur prix étant toujours très modique comparé à ceux d'une poussette, vous pouvez en adopter plusieurs, car ils ont souvent des usages un peu différents (certains pour les grandes courses et les promenades en montagne, d'autres pour la maison et tous les jours). C'est votre vie quotidienne et ses particularités qui vous guideront dans votre choix : les besoins ne sont peut-être pas les mêmes quand on habite à la montagne, ou dans une grande ville avec un métro. Les critères de choix essentiels sont : la **sécurité**, la **simplicité** et la **praticité**. Selon votre morphologie enfin, et selon votre bébé aussi, certains systèmes seront mieux adaptés que d'autres. Pour mieux choisir, le plus simple est de contacter l'association sur le portage Peau à peau (voir coordonnées en fin de livre) ou une association de soutien à l'allaitement maternel.

– *Tissu noué*

Il s'agit d'un simple morceau de tissu, noué et porté sur l'épaule un peu comme un hamac, le nœud dans le creux de l'épaule, la partie large du tissu vers votre hanche. L'enfant est porté dans la partie large du hamac, le corps dans le sens de la largeur du tissu. Il peut être allongé quand il est petit (schéma 1), ou bien assis sur la hanche quand il est plus grand (schéma 2). Pour un plus grand confort de l'enfant et une sécurité maximale, veillez à bien envelopper au maximum son corps avec le tissu. Faites attention également à ce que le tissu ne fasse pas des cordons qui peuvent gêner votre bébé (notamment aux bords du tissu). Quand l'enfant est assez grand pour être assis sur votre hanche, écartez bien ses jambes, les cuisses vers le haut : ce sont

***Schéma 1.** Nouveau-né allongé dans un tissu noué.*

les fesses qui pointent vers le bas, et de cette façon, tant que le bébé ne ramène pas ses jambes sous lui en les serrant, il lui est impossible de tomber. Attention à ce que le nœud ne vous blesse pas : placez-le dans votre dos, ou mieux, au creux de l'épaule. Vous pouvez également coudre le tissu en une large bande. Pour faire votre hamac, vous tordez deux fois le tissu : vous placerez une partie dépliée au niveau de votre hanche, l'autre partie dépliée sur votre épaule. Cette variante assure un meilleur confort pour la mère, en éliminant le nœud. Pour une sécurité maximale, vous devez toujours avoir la possibilité de soutenir d'une main votre bébé. Avec un peu d'habitude vous pourrez même porter votre bébé dans votre dos.
Ce dispositif est évidemment une solution très économique. Vous pouvez même multiplier les systèmes de portage, par exemple utiliser un tissu plus chaud l'hiver (mais attention, pas de tissu trop épais ou qui risque de se détendre). Choisissez alors un tissu qui corresponde à votre style vestimentaire : c'est aussi l'avantage de cette solution, qui s'adapte à toutes les modes.

– Porte-Câlllin de LLL France

C'est un dispositif très semblable au premier qui est muni d'une boucle en métal vous permettant de régler la taille (et de faire profiter votre compagnon de cet accessoire), pour porter le bébé, toujours sur la hanche. Avec un simple tissu noué, il n'est plus possible, au bout d'un certain temps d'utilisation, de dénouer le nœud pour changer de porteur.
C'est également très pratique quand vous allaitez le bébé, il vous suffit alors de serrer un peu plus le système pour ne même pas avoir besoin de soutenir la tête du bébé (ce qui n'est pas le cas du premier système qui reste toujours à la même taille). De plus la découpe est véritablement celle d'un hamac, et les bords sont rembourrés, ce qui évite les cordons mentionnés ci-dessus, et protège également votre épaule, pour un confort maximum.

Schéma 2. *Nourrisson assis sur la hanche dans un tissu noué.*

– Écharpe multi-usage

Cette écharpe peut être nouée de multiples façons afin de porter le bébé sur le ventre ou sur la hanche ou dans le dos (schéma 3). Plusieurs longueurs sont disponibles, selon la méthode de nouage choisie et la taille du porteur. Avec votre écharpe, vous recevez des explications détaillées sur la façon de l'utiliser : certaines techniques sont ingénieuses et vous ne pouvez vraiment pas les deviner toute seule. Dans la plupart des cas, le tissu passe à la fois sous les fesses et entre les jambes de l'enfant : contrairement aux deux systèmes précédents, le bébé peut éventuellement ramener ses jambes sous lui en les serrant, il ne court pas de risque de chute pour autant. Dans le cas d'une écharpe longue, qui passera plusieurs fois autour de votre corps et de celui de votre bébé et ce à plusieurs endroits (vos hanches, vos épaules, votre dos ; ses fesses, ses épaules, ses cuisses, son dos), le maintien du bébé contre vous sera réellement optimal, tout comme votre confort. L'écharpe est plus longue à mettre en place qu'un simple tissu noué ou qu'un Porte-Calllin, mais c'est le système idéal pour les longues promenades, pour les courses qui rendent vos mains indisponibles. Ce système peut également passer d'un porteur à l'autre sans aucun ajustement. Là aussi, c'est une solution plus onéreuse que le simple tissu noué.

***Schéma** 3. Nourrisson porté à l'avant (double nœud croisé) avec une écharpe.*

– Portage « à l'africaine »

C'est le pagne africain, ou tout morceau de tissu de taille suffisante qui vous permet de porter le bébé dans le dos. Pour installer votre bébé, le mieux est de vous faire aider pour les premières fois ; vous pouvez également vous plier en deux vers l'avant, votre bébé posé sur votre dos (schéma 4). Très vite, le bébé prendra l'habitude de cette installation, et saura s'agripper pendant quelques minutes tout seul pendant que vous nouez le tissu ; néanmoins la phase de l'installation et celle de la descente doivent toujours faire l'objet de votre vigilance car il serait très dangereux que le bébé tombe de votre dos. Nouez d'abord le bord du haut, au-dessus de votre poitrine (en essayant de ne pas écraser vos seins). Les Africaines ne font pas un vrai nœud, mais tordent plusieurs fois les bouts du tissu. Ensuite passez bien la partie inférieure du tissu sous les fesses du bébé, et faites un nœud sous vos seins, en remontant un peu le tissu vers le haut. Là encore, le bébé doit avoir les jambes bien écartées, les cuisses plus haut que les fesses (schéma 5). Quand le bébé veut descendre, il prendra vite l'habitude de serrer ses jambes (et parfois il faudra l'en dissuader si vous souhaitez le porter ainsi). N'hésitez pas à demander des conseils aux femmes que vous voyez porter ainsi

***Schéma** 4. Première phase de nouage pour un bébé porté sur le dos avec un pagne.*

***Schéma** 5. Bébé porté dans le dos à l'africaine.*

leur enfant ; elles seront le plus souvent très heureuses de vous aider et de sentir leur compétence ainsi reconnue et valorisée. L'avantage du portage dans le dos est vraiment de vous laisser une grande liberté d'action. Vous pouvez faire la vaisselle, le repas, taper à l'ordinateur, classer des dossiers, etc. bien plus facilement que si vous portez le bébé sur la hanche ou devant vous. Par contre, vous devrez être vigilante à ne pas le blesser, par exemple en passant bien loin des cadres de portes. Également le bébé ne sera plus sous votre regard. Il sera difficile de le moucher et vous devrez le descendre pour l'allaiter. Ce système est évidemment très bon marché.

– *Porte-bébé occidental*

C'est la solution habituellement retenue chez nous par les mères. Il existe une très grande diversité dans l'offre. Le portage du bébé repose essentiellement sur le soutien de son entrejambe. Ses jambes pendent de part et d'autre du porte-bébé et se trouvent en contact avec vos cuisses, ce qui peut devenir gênant pour vous quand il grandit (ses jambes tapent sur vos cuisses quand vous marchez). Le porte-bébé enveloppe le dos du bébé plus ou moins haut ; attention, certains systèmes ne sont pas enveloppants au niveau des côtés, et le bébé risque de glisser. Ces porte-bébés sont en général réglables, les sangles sont molletonnées pour le confort de la mère. Certains systèmes ne permettent pas d'allaiter car ils recouvrent les seins. Souvent, ils ne plaquent pas bien le bébé contre son porteur, ce qui, à la longue peut être inconfortable, pour le bébé comme pour vous.

– *Sac à dos*

Ce système est réservé aux bébés de plus de 9 mois qui savent s'asseoir. Ils doivent être conçus comme de véritables sacs à dos d'alpiniste pour être confortables : sangles réglables et large ceinture sur les hanches sont indispensables pour le confort du porteur. Comme le bébé n'est plus plaqué contre celui-ci, le couple de force est important et impose un système performant.

Vos questions

Quel système de portage puis-je utiliser à la naissance ?

Certains systèmes sont parfaitement adaptés aux nouveau-nés : souvenez-vous que les prématurés d'Amérique du Sud sont portés continuellement contre leur mère quand ils font partie d'un programme Kangourou, et ce pour leur plus grand bien. Il faut que votre bébé soit bien plaqué contre votre corps, pour épouser vos courbes et s'y appuyer. Le tissu ou l'écharpe noués sont

Systèmes de portage

	Facilité d'installation	Maintien/ confort du bébé	Confort du porteur	Sécurité	Allaitement	Plusieurs porteurs	Âges	Utilisations
Tissu noué (ou cousu)	+ + +	+ + +	+ +	+ + (une main libre)	+ + +	non	naissance -3 ans	Maison, extérieur
Porte-Calllin	+ + +	+ + +	+ +	+ + (une main libre)	+ + +	+ + +	naissance -3 ans	Maison, extérieur
Écharpe multi-usages	+ +	+ + +	+ + +	+ + + (deux mains libres)	+ +	+ + +	naissance -4 ans	Maison, extérieur, randonnée
Pagne africain	+	+ + +	+ +	+ + (deux mains libres)	non	+ + +	quelques mois -3 ans	Maison, extérieur
Porte-bébé occidental	+ +	+	+	+ + (deux mains libres)	Selon modèle	+ +	naissance -1 an	Maison, extérieur
Sac à dos	+ +	+ +	+ +	+ + (deux mains libres)	non	+ +	1- 4 ans	Extérieur, randonnée

les meilleures solutions. Si vous utilisez un tissu noué du type hamac, vous y allongerez votre bébé sans lui écarter les jambes. Les mères de très jeunes bébés gardent souvent instinctivement une main ou un bras autour de leur bébé. Il est important de pouvoir surveiller votre nouveau-né : le portage dans le dos est à réserver pour des bébés de quelques mois, et le sac à dos pour des bambins d'un an.

On me dit qu'un bébé peut souffrir dans un porte-bébé. Est-ce vrai ?

C'est sans doute parfois vrai dans les porte-bébés occidentaux classiques où le bébé n'est pas correctement plaqué contre votre corps. Il aura alors tendance à se tasser sur lui-même, à rentrer le menton dans la poitrine et à se mettre en boule. Son dos doit également être « contenu » comme il l'est par exemple dans un hamac (il n'est pas nécessaire pour le bébé d'être droit et raide, mais plutôt d'être correctement enveloppé). Avec un système bien adapté, le bébé sera au contraire bien mieux installé, son corps soutenu par le vôtre.

J'ai peur que mon bébé tombe. Comment assurer sa sécurité ?

Si vous suivez bien les conseils qui vous sont donnés ici, votre bébé ne tombera pas. Nous avons tendance à faire confiance aux produits manufacturés. Ce n'est pas toujours justifié : certains modèles peuvent présenter des vices cachés, ils sont parfois compliqués et, mal utilisés, s'avèrent dangereux. J'ai vu des poussettes se renverser, j'ai même rattrapé de justesse ma grosse poussette double dont j'avais mal serré le frein, et qui se lançait toute seule vers la rue. Pour les systèmes de portage basés sur le principe général du tissu qui enveloppe le bébé et qui l'attache au corps du porteur, la sécurité réside dans la qualité du tissu et dans la façon de procéder. Le poids du bébé et l'ajustement du tissu sont les éléments clés de cette sécurité, comme vous avez pu le voir. Au fur et à mesure du développement et de la croissance de votre bébé, vous devrez vous adapter à ses capacités. Par exemple, à quatre mois, un nourrisson peut soudainement se cambrer en arrière et littéralement « jaillir » de son hamac (le bébé n'est pas ici maintenu aux épaules). Attention, dans ce cas, au risque de chute, le poids de la tête pouvant entraîner le bébé.

La fin du portage pour mes enfants ?

Porter un enfant ne prend réellement fin que quand il devient trop lourd pour être porté de façon régulière ou prolongée, ou quand il ne le réclame plus du tout.

expérience

Camille, âgée de cinq ans, me demandait encore de temps en temps que je la porte quand je venais la chercher à l'école. Mais là, plus question de dispositif de portage, les bras seuls suffisaient. Les années maternelles ont en fait sonné la fin du portage, de façon très progressive. Marin a refusé énergiquement que je le porte dans le Porte-Câlin à trois ans, alors que nous allions prendre le train. Il voulait à tout prix marcher dans la rue, sans me tenir la main, comme un grand. Ce qui ne l'empêche nullement, quand je vais le chercher à l'école enceinte de 7 mois, de réclamer que je le porte (sans doute surtout pour retrouver le contact physique, les odeurs, bref, un moment de tendresse).

Là encore, les choses se passent en douceur quand on laisse le temps faire son œuvre. Je dois rajouter que tous mes enfants ont également bénéficié des épaules et des bras de leur père (mais il arrivait aussi qu'ils exigent d'être portés par moi) ; et mes deux derniers enfants ont également été portés par leurs aînés (Clément surtout a beaucoup aimé porter Marin en utilisant l'écharpe ; il avait alors 11 ans).

L'essentiel du portage

- *Utiliser un système sûr, qui maintienne correctement le bébé contre votre corps, ses cuisses écartées, les genoux étant au niveau de ses fesses ou au-dessus (mais pas en dessous).*
- *Vous pouvez choisir plusieurs systèmes de portage : un système de portage à l'intérieur de la maison, pour vos activités quotidiennes (ménage, cuisine, rangement, repassage, etc.) ou pour apaiser votre bébé, un autre pour les sorties plus longues.*
- *Quand vous utilisez pour la première fois un système de portage (ou une nouvelle façon de l'utiliser), faites-le chez vous. Demandez conseil aux mères qui ont l'habitude de porter leur bébé.*
- *Choisissez votre système en fonction de la possibilité ou non d'allaiter votre bébé si celui-ci tète souvent.*

Vivre en société

Tout cela est bien beau, et plus d'une mère souhaiterait vivre dans une telle proximité avec son bébé mais il est nécessaire de prendre en compte son milieu familial et plus largement la société qui l'entoure. En effet toutes les mères ont besoin de soutien, de modèles, pour apprendre et refaire les gestes intemporels d'une mère s'occupant et soignant son bébé. Pour reprendre l'expression de Daniel Stern, psychanalyste mondialement célèbre, la mère qui vient d'avoir un bébé se trouve dans une configuration psychologique très particulière, la « constellation maternelle », et pour mener à bien cette tâche ô combien importante d'élever un nouvel être humain, elle doit s'appuyer sur une **« matrice de soutien »**. Selon cet auteur, et je partage tout à fait son point de vue, cette matrice de soutien est avant tout constituée de modèles féminins : sa propre mère, les femmes de son entourage qui ont déjà eu des enfants et vers qui elle peut se tourner pour trouver réconfort et soutien. Quelles que soient les compétences que peuvent développer des professionnels, quelle que soit la bonne volonté de son compagnon, c'est souvent auprès de mères expérimentées que la jeune mère trouvera ce qu'elle cherche : une **complicité** que seul un **vécu commun** peut permettre, une connaissance que seule l'expérience peut apporter. Les associations de soutien à l'allaitement sont alors une aide bien précieuse pour celles qui ne trouvent pas ce soutien dans leur entourage.

Voilà pour le tableau idéal : une jeune mère qui allaite son nouveau-né, avec autour d'elle des femmes qui donnent encore le sein à des bambins de deux ou trois ans. Elle n'a qu'à poser son regard pour comprendre comment mettre son bébé au sein. Elle sait déjà que la meilleure façon de dormir et de faciliter le sommeil de son bébé sera de s'allonger à ses côtés. Et quand elle s'inquiétera pour son bébé (quelle mère ne s'est jamais inquiétée devant des pleurs incompris, une toux un peu rauque, un comportement inhabituel ?), elle se verra entourée par un réseau qui essayera de l'aider sans remettre en question sa façon de s'occuper de son bébé. Dans les sociétés dites « traditionnelles », ce réseau est souvent une réalité. Et même si certaines règles culturelles, comme l'introduction précoce d'aliments de complément, ne sont pas toujours favorables à la santé du bébé et de sa mère, la proximité mère-bébé est en général encouragée. **La transmission d'un savoir** se fait ainsi sans être toujours visible : toutes les sociétés n'ont pas codifié la façon de s'occuper d'un bébé. Et l'efficacité de la transmission n'en est que plus forte. Chez nous, le réseau familial et amical s'est estompé ; la mère prend avis et conseils également auprès de spécialistes de l'enfance, comme les médecins, les auteurs de livres, etc. Selon l'interlocuteur, les informations peuvent varier. Surtout en ce qui concerne l'allaitement, où tout et son contraire peut s'entendre aujourd'hui. Mais la situation générale s'améliore : des politiques de santé publique intègrent parfois l'allaitement maternel, des professionnels se forment et s'informent. Il reste cependant rare que le sommeil partagé soit intégré dans ces formations, et la question est souvent ignorée.

C'est de tous ces réseaux multiples qui entourent la jeune mère qu'il sera question dans ce chapitre. Non pas dans le but de mettre en accusation et de définir les torts de chacun. Mais plutôt pour vous permettre, à vous les mères, d'améliorer la communication avec vos interlocuteurs et de trouver du soutien, tout en ayant des attentes réalistes. Pour cela, il faut d'abord s'intéresser à l'autre, à ses contraintes, à ses besoins spécifiques, et reconnaître sa place et son rôle autour de vous et de votre bébé.

Que peut faire le père pour aider sa compagne à allaiter ?

L'importance du père pour la réussite de l'allaitement est bien établie. Son soutien est indispensable, et de nombreuses mères qui manquent de ce soutien sèvrent précocement leur nourrisson. Mais ne nous trompons pas sur la nature de ce soutien. Le père n'allaitera jamais aucun de ses enfants. Quelle que soit sa bonne volonté, il ne pourra jamais partager avec la mère de son enfant une expérience qui reste encore du domaine exclusif de la femme. Si son soutien est très important, c'est comme **support global** et non comme conseiller technique. Qu'il affirme sa satisfaction de voir sa femme allaiter, voilà qui est inestimable. Qu'il ne l'empêche pas de le faire en public, comme le font hélas encore un certain nombre, c'est parfait. Mais la mère a aussi besoin d'un entourage féminin, seul apte à donner des conseils issus de l'expérience. L'allaitement invite à distinguer clairement la mère du père ; et les premiers mois, la première aura le premier rôle. Ce n'est pas retirer quelque chose au père que de le reconnaître. Donc ne chargeons pas les épaules de nos hommes d'une responsabilité ou d'un rôle qui n'est pas le leur. Il n'est pas indispensable de le faire venir à des réunions allaitement. Bien évidemment, s'il souhaite venir, qu'il soit le bienvenu. Mais n'exigeons pas leur présence ni, de leur part, de compétences particulières en matière d'allaitement. Veillons également à ce que les femmes puissent toujours s'exprimer librement. Or certaines ont besoin de l'intimité d'une réunion entre femmes pour ce faire ; il arrive aussi que la présence de leur compagnon limite leur liberté et leur spontanéité. Cela peut être le cas particulièrement des mères d'origine maghrébine ou des mères les plus fragiles et les moins décidées. Certaines jeunes femmes considèrent que leur grossesse exclut leur compagnon et souhaitent réparer cette « injustice » en partageant avec lui, après la naissance, un rôle nourricier. Ces couples fusionnels supportent mal cette différence sexuelle et l'allaitement peut leur permettre de gagner en maturité. D'autres femmes peuvent connaître des situations difficiles et conflictuelles avec leur compagnon. Si le soutien du père est très important et bien sûr souhaitable, il n'est pas systématique, et il faut savoir répondre aux questions de mères qui ne bénéficient pas de ce soutien, car ces mères aussi ont le droit d'allaiter, de materner et d'être aidées.

Alors concrètement, comment favoriser l'implication du père auprès de votre bébé ? Comment en faire un allié pour l'allaitement ? Montrez-lui d'abord

votre confiance, et encouragez ses initiatives. Il pourra par exemple devenir le spécialiste du bain (ou de la promenade, ou du câlin du soir). S'il exprime le souhait de donner le biberon, vous pouvez lui donner des informations sur l'importance de l'allaitement exclusif pour la santé de son enfant les six premiers mois. Et lui promettre qu'il sera le premier à proposer une compote à son enfant. Pour les pères qui regrettent ne pas connaître l'intimité de la relation nourricière, dormir avec leur bébé pourra permettre de satisfaire leur besoin de contact. Au contraire, d'autres pourront se montrer effrayés de cette proximité : n'oubliez pas alors que de nombreuses possibilités existent pour satisfaire le besoin de proximité du bébé et votre besoin de sommeil. Le bébé peut être amené dans votre lit mais de votre côté (attention dans ce cas à faire en sorte que le bébé ne puisse pas tomber). Ou bien vous pouvez le rejoindre sur un matelas à l'occasion des tétées. Il est normal que les semaines qui suivent la naissance soient un peu difficiles pour le couple. Laissez-vous le temps de vous ajuster l'un et l'autre à votre nouvelle fonction parentale. En restant ouvert l'un à l'autre, en exprimant avec respect vos sentiments, y compris vos doutes et vos frustrations, vous maintenez votre couple dans un bain de paroles positif et indispensable pour **accompagner cette mutation** et donner naissance à une famille.

Les grands-mères de votre enfant

Les grands-mères des nourrissons occupent bien souvent une place particulière dans l'environnement des jeunes mères. C'est vers elles, et en premier lieu leur propre mère, que celles-ci se tournent quand des questions surgissent, ce qui ne manque pas d'arriver. Ces grands-mères sont le plus souvent très soucieuses de leur petit-enfant, et souhaitent plus que tout le voir grandir et se développer de façon harmonieuse. Elles ont eu, avec leurs propres enfants, c'est-à-dire vous ou votre conjoint, des façons de procéder qui peuvent parfois s'écarter de votre manière propre de vous occuper de votre bébé. Il faudra composer avec ces différences, ce qui est sans doute plus facile quand tous sont guidés par un même objectif : le bien-être du bébé. Toutes les mères apprennent cela, à prendre chez une mère expérimentée ce qui leur convient, et à délaisser les autres aspects qui ne leur conviennent pas, sans pour autant dénigrer la personne qui propose ces conseils. Trouver chacun sa place autour du bébé qui vient de naître peut nécessiter certains ajustements : difficile de **trouver la bonne distance** pour cette nouvelle grand-mère. Ni trop près, ni trop directive, ni trop distante. Être là quand la jeune mère en a besoin, savoir se retirer au bon moment, voilà qui demande parfois un peu de temps et de compréhension de part et d'autre. L'allaitement, la proximité nocturne, ne sont que des chapitres de cette histoire. Accepter l'expérience de sa propre mère ou de la mère de son compagnon, y compris quand il s'agit d'une histoire sans allaitement et avec peu de proximité physique, en dégager les aspects positifs (l'intérêt que portait cette mère à la santé de son enfant et son souci de suivre les prescriptions médicales de l'époque) et la replacer dans un contexte historique permettent de relativiser certains conseils qui ne conviennent pas à la jeune mère tout en respectant la grand-mère. Dans ces cas-là, c'est auprès d'autres mères qu'il faudra trouver conseils et témoignages, pour cette partie du maternage méconnue de la génération précédente. Le jugement dans son aspect rigide et dévalorisant n'est sans doute pas la bonne voie, la compréhension me paraît plus profitable pour tous. Ceci ne signifie cependant pas qu'il faille renoncer à vos idées.

De nombreuses grands-mères parlent avec fierté de leur petit-enfant qui se porte si bien grâce à sa mère qui l'allaite, même quand elles n'ont pas connu elles-mêmes les joies d'un maternage de proximité. Elles seront très heureuses de vous aider : proposez-leur de participer aux tâches de la maison ou d'emmener l'aîné au jardin ou au cinéma pendant que vous vous reposez avec le bébé. Ne négligez pas l'importance d'une aide matérielle ou pratique durant les premières semaines. Et faites-la patienter si elle veut s'occuper tout de suite du nouveau-né : le temps arrivera bien vite où elle aura l'occasion de le garder, selon votre décision.

Les enfants ont besoin de leurs grands-parents : rester ferme sur ce qui vous paraît essentiel sans agressivité permet de conserver des relations harmonieuses qui profiteront un jour à tous.

Mais si l'atmosphère se détériore, si les remarques deviennent blessantes, si la grand-mère devient envahissante, alors protégez-vous (vous, votre bébé, votre compagnon). Dans ce cas, mettre une distance entre la grand-mère et vous pourra être bénéfique. Quitte à renouer plus tard, quand la question de l'allaitement ou de la grande proximité physique sera derrière vous, si c'est sur ces questions que se cristallisent les rancœurs. Il arrive également que des femmes frustrées de n'avoir pas pu materner leur propre enfant, souhaitent compenser avec leurs petits-enfants, et qu'elles veuillent les porter, les nourrir. Ce n'est pas là leur place et il ne faut pas leur laisser croire à ce mirage. Quand le conflit s'installe sur les questions de proximité mère-enfant, positionnez-vous comme une mère responsable de son bébé, qui s'informe avec le souci de bien élever son enfant. C'est là votre rôle et vous avez le droit de le faire à votre façon.

Et les grands-pères ? Si je n'en parle pas, c'est qu'en général ils ne considèrent pas que la façon de s'occuper de leur petit-enfant soit de leur ressort, bien qu'il y ait là aussi un peu de changement dans notre société. S'occuper d'un petit nouveau-né, l'allaiter, le materner, est du ressort des mères et donc des femmes de la famille. Mais le soutien des grands-pères peut être précieux et bienvenu ; le père de la mère du bébé surtout a un rôle important, et son regard bienveillant pour le couple formé par sa fille et son bébé peut conforter et rassurer les parents. Les enfants, même grands, même adultes, profitent de l'affection et du soutien de leurs deux parents.

Les professionnels qui vous entourent

Vous avez sans doute déjà compris que tous les professionnels de la petite enfance et les professionnels de santé qui seront en contact avec votre bébé et vous-mêmes n'encouragent pas souvent l'allaitement à la demande et le sommeil partagé. Pourtant ils jouent un rôle très important de nos jours avant, pendant et après la naissance. Pour mieux comprendre leurs réactions et l'influence qu'ils peuvent avoir sur votre vie quotidienne, il convient de bien les comprendre. Tout d'abord, reconnaître que ces professionnels exercent une profession : c'est-à-dire qu'ils ont reçu une formation, souvent sanctionnée par un diplôme ; et qu'ils sont rétribués pour l'exercer. Le premier caractère leur donne une certaine assurance et une considération de la part du public. Ainsi les professionnels de la petite enfance sont considérés comme les spécialistes du développement socio-psychologique de l'enfant ; les professionnels de la santé eux sont les spécialistes de son développement physique. Ces personnes discutent souvent entre elles, par l'intermédiaire de conférences, de publications. Il leur arrive d'avoir des désaccords, parfois même des écoles se font des guerres tenaces. Tout ceci leur est tolérable, c'est même pour eux une stimulation intellectuelle qu'ils apprécient.
En général, les patients ont un statut tout à fait autre : ils pensent ne pas avoir de compétences particulières ; ils attendent des praticiens des réponses à leurs problèmes ; ils les payent pour cela, leur reconnaissant par là même leur statut de spécialiste.
De tout ceci il découle que le fait qu'une simple mère leur oppose des arguments ou tout simplement un avis opposé dans un domaine qu'ils considèrent comme le leur, est pour eux le plus souvent très difficile à accepter. N'importe quel être humain réagirait de cette façon : il n'est pas possible de s'attaquer à des parties aussi sensibles que l'estime de soi et la position occupée dans l'échelle sociale, sans déclencher une réaction défensive naturelle. Car ici c'est bien au niveau des positions sociales que se joue l'histoire, en lien direct avec la personne dans son intimité la plus fragile, et non de la logique des arguments. Mieux vaut tenir compte de ces enjeux si l'on souhaite établir des relations satisfaisantes avec ces professionnels.

Les professionnels qui s'intéressent à l'allaitement savent aussi faire preuve d'**humilité** et reconnaître que dans le domaine de l'allaitement comme de la relation mère-bébé, la dichotomie habituelle entre patient et thérapeute s'estompe. Ils savent par exemple que rien ne remplace l'expérience et le témoignage des mères, dont eux-mêmes ont su d'ailleurs beaucoup apprendre. Si ces professionnels ne sont pas encore une majorité ils sont tous les jours plus nombreux. Il peut être intéressant pour vous de partir à leur recherche. Mais y compris chez des professionnels peu ou pas formés sur l'allaitement maternel, vous pourrez trouver du soutien pour tout ce qui concerne votre enfant, en dehors de cette question. Détaillons maintenant les rôles de ces professionnels.

– À la maternité

La majorité des femmes accouchent en milieu hospitalier. La durée du séjour est passée d'une semaine dans les années 80 à 3 - 4 jours en ce début de siècle. Ces premiers jours après la naissance marquent la relation mère-bébé. Bien sûr, rien n'est jamais définitif, mais un bon départ facilite énormément les choses. Dans un univers inconnu pour la mère, entourée de professionnels qui agissent dans un cadre très strict, comment les relations qui se tisseront entre elle et ce personnel vont-elles influencer la constitution de la dyade mère-bébé ? Et comment se donner les meilleures chances pour passer un séjour satisfaisant ?

Une possibilité est de choisir votre lieu d'accouchement. Cela sera facile si vous habitez dans une grande ville. En général, il n'y a pas à s'inquiéter de la compétence médicale de l'équipe, mais plutôt à vous préoccuper de l'accueil qui est fait aux mères durant leur séjour, sauf cas particuliers (si votre grossesse est « à risque »). Les professionnels de santé qui travaillent en maternité sont loin d'être formés au soutien à l'allaitement maternel. Des actions internationales comme l'Initiative hôpital ami des bébés (IHAB) sont bien timides : à ce jour, seules trois maternités françaises, l'une à Lons le Saunier, l'autre à Roubaix, la troisième à Cognac, ont reçu le label OMS/UNICEF. Pour l'obtenir, une maternité doit favoriser la proximité mère-bébé dès la naissance, la nuit comme le jour, et encourager l'allaitement à la demande. Ce n'est hélas pas toujours le cas.

Posez des questions précises : pourrai-je allaiter en salle de naissance ? C'est heureusement souvent possible aujourd'hui. Pourrai-je garder mon bébé avec moi la nuit ? La première nuit aussi ? Y a-t-il une personne référente en allaitement dans l'équipe ? Si oui, il peut être utile de la rencontrer et de discuter de votre volonté d'allaiter. Une réunion « allaitement » est-elle organisée dans le cadre de la préparation à la naissance ? Durant le séjour à la maternité ? Pour le reste, difficile avec de simples questions de connaître les habitudes du service. Des biberons de compléments peuvent être plus ou moins systématiquement donnés aux bébés, plus ou moins ouvertement. Certains membres de l'équipe ont pu recevoir une formation, ou s'intéresser particulièrement à l'allaitement. D'autres au contraire pourront donner de très mauvaises indications, menant bien souvent au sevrage. Mais ça, vous ne le saurez qu'une fois sur place. Durant votre séjour à la maternité, vous aurez à vous adapter à un univers très organisé, qui obéit à de nombreuses règles. Je vous invite à les considérer avec indulgence, sauf quand elles mettent en péril l'allaitement et votre désir de proximité avec votre bébé. En d'autres termes, faites preuve de bonne volonté pour tout ce qui vous semble secondaire (la façon de laver le bébé, les horaires de repas, le menu, etc.). Ne pas séparer la mère de son bébé devrait être une règle impérative à moins d'indications médicales sérieuses.

expérience

Quelques heures après sa naissance, une auxiliaire emmena Camille pour son premier bain. Trouvant le temps long, je suis partie à sa recherche vers la pouponnière. Devant la rangée de berceaux tous semblables, avec chacun un bébé tout neuf, j'ai dû demander à l'auxiliaire présente, en désignant un des berceaux : « Est-ce bien elle ma fille ? ». Et de m'entendre répondre : « Oui, bien sûr ». « Bien sûr » que j'ai interprété par « tout de même, vous la mère, vous ne reconnaissez pas votre fille ! » me renvoyant sans ménagement à mon incompétence et mon incapacité à reconnaître mon propre bébé.

Ce sont donc à ces peurs primitives que nous sommes confrontées quand on nous enlève notre bébé : qui s'en occupe ? Que lui fait-on ? Vais-je le reconnaître ? Ne va-t-on pas l'échanger contre un autre bébé ? Il me semble que là aussi, derrière des arguments bien faibles de facilité de service ou de précautions hygiéniques, la relation symbiotique mère-bébé est l'objet d'une convoitise peu maîtrisée. Insistez alors pour garder votre bébé avec vous, ou bien pour l'accompagner durant les soins (le bain, la visite du pédiatre, ...). En général, la première nuit, « on » voudra vous le prendre. C'est pour votre bien, le repos de votre voisine, la sécurité du bébé, sur ordre du grand patron : tout y passe si vous n'obtempérez pas.

expérience

La nuit suivant la naissance de Marin, j'ai vu ainsi tout un service passer dans ma chambre pour m'exposer les raisons, des plus simplistes aux plus péremptoires, pour me convaincre de laisser mon bébé à la pouponnière. En dernier recours, la sage-femme de service m'informa que des dispositions « médico-légales » l'obligeaient à garder le bébé de minuit à 5 heures en pouponnière. Je lui ai proposé de signer une décharge si elle craignait pour son avenir professionnel. Je lui ai parlé également de cette intervention que je devais faire trois semaines plus tard lors d'une conférence sur l'allaitement : voulait-elle que je cite sa maternité en exemple de ce qu'il ne faut pas faire ? Mes arguments ont porté, ou bien est-ce la lassitude ? J'ai pu garder Marin avec moi toute la nuit (mais quelle mauvaise nuit, énervée par ce combat, je n'ai pas pu vraiment me reposer).

Attendez-vous à susciter l'étonnement, parfois l'incompréhension, voire même la désapprobation. Allaiter à la demande, dans une proximité totale, en prenant son bébé dans le lit, voilà qui est inhabituel pour le personnel des maternités : ils ne voient rien, n'entendent rien, *« mais que se passe-t-il avec la numéro 17 ?* ». Un bébé qui tète sans arrêt, c'est un allaitement sans tétées : impossible de les compter, difficile de les évaluer. Ce n'est pas ce qu'on leur a appris, ce n'est pas ce qu'ils ont fait pour leur propre enfant. Sans repères, ces professionnels vont donc naturellement chercher à vous amener sur des rails mieux connus. Comment réagir face à leurs inquiétudes ? Rassurez-les : montrez-leur votre bébé (j'ai bien dit « montrez », et non pas « donnez ») ; pesez-le en leur présence ; assurez-les de votre bonne qualité d'information sur l'allaitement (citez un ou deux livres, un ou deux professionnels connus dans le domaine par exemple, parlez des réunions d'information auxquelles vous avez assisté). Restez discrète et évasive sur le temps que votre bébé passe au sein si vous sentez que cela peut inquiéter l'équipe. Si vous et votre bébé allez bien, c'est-à-dire en absence de maladie et si le bébé prend correctement du poids, les choses devraient plutôt se passer à votre convenance. S'il y a un problème qui pourrait interférer avec l'allaitement maternel (par exemple si vous avez de la fièvre, si le bébé ne prend pas bien du poids) vous aurez besoin d'un soutien efficace. C'est pourquoi il est prudent de rechercher avant la naissance les coordonnées de personnes pouvant vous aider.

– Votre médecin (généraliste, pédiatre)

Vous devrez forcément un jour consulter un généraliste ou un pédiatre. Pour une maladie de votre enfant, pour une visite obligatoire (au neuvième mois notamment) ou conseillée, les occasions sont multiples. Comme l'a montré une étude effectuée en Val-de-Marne sur une vingtaine de généralistes, ceux-ci ont de très maigres connaissances sur la conduite pratique d'un allaitement, et parfois même sur ses intérêts pour la santé. Une autre étude plus récente menée dans le Rhône sur 130 généralistes a conclu que la moitié ne se sentait pas suffisamment formée pour répondre aux mères. Il est fort probable que le praticien que vous consulterez ne comprenne pas l'intérêt de l'allaitement à la demande (avec des tétées fréquentes), et encore moins celui du sommeil partagé ou du portage. Certains médecins respecteront votre mode de vie, et ne chercheront pas à vous faire changer d'avis. Avec ceux-là, même s'ils ne vous encouragent pas dans votre façon de faire, il sera facile de maintenir des relations satisfaisantes qui vous permettront de bénéficier de leur avis d'expert dans un autre domaine que celui de la vie courante. D'autres seront plus inquiets face à votre comportement : ils jugeront qu'il est de leur devoir de vous orienter vers un mode de vie plus habituel. Vous aurez donc à défendre votre point de vue. Si vous n'aimez pas les discussions trop tranchées et craignez les « prises de bec », une solution efficace consiste à adopter un profil bas. Après tout, vous n'êtes pas obligée de combattre pour que votre mode de vie soit compris et accepté des autres, et en particulier de votre médecin. Le plus important ici est de préserver votre intimité et votre vie familiale. Le médecin n'est pas obligé de savoir avec qui vous dormez. Ni combien de fois par jour vous donnez le sein. Restez discrète, et, si vous pensez que cela peut faciliter votre vie, omettez certains détails (si votre bébé tète la nuit, vous n'êtes pas obligée de dire que c'est dans votre lit). Si votre caractère vous engage à défendre votre point de vue, vous essayerez certainement d'argumenter pour convaincre votre médecin. Cela peut porter des fruits, mais ne sous-estimez pas les forces d'inertie qui ne manqueront pas de se révéler. L'humour permet souvent de dédramatiser des situations tendues, et donne à tout le monde, vous comme votre médecin, la possibilité de prendre un peu de distance par rapport à une question très intime et très sensible, la relation mère-bébé. Il vous permet, tout en conservant votre point de vue, de proposer à votre interlocuteur une porte de sortie honorable et de ne pas perdre la face. « J'ai dû être une mère africaine lors d'une vie antérieure » donne l'occasion au médecin, en riant de votre phrase, de ne pas s'enferrer dans une argumentation qui vous laisserait de marbre et rendrait sa position malcommode. Enfin, si vraiment cette question devient la cause de relations tendues et d'une perte mutuelle de confiance, il sera préférable pour vous de changer de praticien. Dans tous les cas, les conseils inadaptés, voire aberrants, qui vous seront donnés sur l'allaitement (comme par exemple de respecter un délai entre deux tétées) ne devront bien évidemment pas être suivis. En cas de problème, par exemple quand le bébé ne prend pas suffisamment de poids, quand il se réveille très fréquemment, quand vous êtes épuisée, il devient impératif que vous consultiez une personne qualifiée : soit un autre praticien, soit une association de soutien à l'allaitement.

Le lieu de garde de votre bébé

Confier son bébé à des personnes non familières doit se faire dans une atmosphère de **confiance réciproque** ; elles auront à se charger de sa sécurité, de son développement, de sa santé, de son épanouissement. Vous partagerez avec ces professionnels des responsabilités, et des décisions communes devront être prises.

Certaines personnes sont réfractaires à l'idée de porter un bébé, ou de le laisser s'endormir sur un matelas par terre si cela lui convient mieux que le lit à barreaux. Mieux vaut le savoir avant de laisser pour la première fois votre bébé, et bien définir vos critères de sélection du mode de garde. S'il y a des choses que vous savez ne pas accepter pour votre bébé (comme le refus de lui donner votre lait ; les horaires très stricts de coucher), c'est au moment de la première visite qu'il faut poser les questions utiles. Et savoir montrer de la souplesse sur d'autres points : un lieu de garde, ce n'est pas exactement comme à la maison, les activités ne sont pas les mêmes, des contraintes liées au nombre des enfants et à l'organisation pratique du lieu existent. Vous devrez respecter certaines règles pour établir des relations de confiance avec le personnel : par exemple, les horaires sont des impératifs et ne peuvent pas être négociés ; arriver en retard sera perçu comme une non-reconnaissance de la vie personnelle des personnes qui y travaillent. Dans vos relations avec celles-ci, n'oubliez jamais que ce sont des professionnelles qui souvent aiment leur métier et qui souhaitent le faire correctement. Quand un problème se pose, par exemple si une auxiliaire vous explique qu'elle ne peut pas donner du lait à la tasse parce que cela prendrait du temps, intéressez-vous à ses contraintes professionnelles : de combien d'enfants doit-elle s'occuper ? Qui pourrait l'aider au moment du repas ? Et cherchez ensemble une solution : si votre souhait est d'éviter le biberon, il y a peut-être une autre solution (une tétée sur place ; la cuillère ; des solides). Si son inquiétude est de manquer de temps, cherchez ensemble comment elle pourrait en gagner par ailleurs (écourter une activité ; étaler les repas). Si vous montrez de la bonne volonté, si vous prouvez que vous êtes capable d'imaginer et d'accepter une alternative, le chemin sera déjà à moitié fait. Maintenant, on ne peut que regretter l'absence de formation des professionnels de la petite enfance en ce qui concerne l'allaitement. Certains lieux de garde vont même jusqu'à refuser le lait de la mère. Dans ce cas, cherchez une autre solution d'accueil, et signifiez votre désapprobation auprès de l'organisme de tutelle (municipalité, association, entreprise). Faites appel à une association de soutien à l'allaitement qui pourra vous aider dans vos démarches. La situation évolue favorablement : dans les grandes villes, il devient de plus en plus facile de trouver un lieu de garde s'intéressant à cette question.

Les psychologues que l'on devine

Vous ne les rencontrerez pas bien souvent. Leur discours sera cependant présent un peu partout autour de vous, car ils ont une grande influence : chez le médecin, dans votre cercle familial, professionnel, etc. Cette influence s'exerce souvent par l'intermédiaire d'ouvrages, où il est très rare de lire des propos favorables à l'allaitement long et au sommeil partagé. La société occidentale qui fait de la séparation mère-bébé une chose si naturelle, entraîne de nombreux psychologues à développer des théories et des conseils pratiques propres à ce système, ce qui a comme effet secondaire et invisible de le renforcer (et de renforcer les difficultés qui en sont la conséquence).

Si vous souhaitez l'aide d'un thérapeute et que cette aide concerne votre relation avec votre enfant, il peut être utile de l'informer en premier lieu de votre style de maternage. Si vous sentez qu'il n'y a pas suffisamment de confiance réciproque, cherchez un autre professionnel. Comme le dit si bien Daniel

Stern, les mères sont capables de tolérer certaines théories qu'elles sentent être fausses (comme le « bébé-pénis » ou le « bébé-cadeau fait à leur père » dans la théorie œdipienne) pour bénéficier de son attention et de ses compétences professionnelles. Si cette aide thérapeutique concerne un autre point de votre vie personnelle (comme votre vie de couple par exemple), vous pouvez rester discrète sur votre relation avec votre bébé.

Pour tous ces professionnels, plus que des discours que vous pourrez tenir, c'est votre couple mère-bébé et l'image que vous en donnerez qui sauront déplacer des montagnes et les engager vers d'autres représentations. Comme nous, ils sont sensibles à leur environnement, et surtout à des tableaux aussi puissants et convaincants que peut l'être un bébé qui tète le sein de sa mère ou un nouveau-né qui s'endort au creux de son père. Soyez les « visiteurs médicaux de l'allaitement[19] » et du maternage proximal : une belle écharpe pour vous et votre bébé, un beau sourire de votre bébé, votre épanouissement personnel, n'hésitez pas à afficher **la beauté et la simplicité** de votre vie quotidienne. Vous serez la preuve vivante que, oui, il est possible de sortir de la maternité sans complément ; oui, il est possible d'allaiter exclusivement les six premiers mois, y compris quand on travaille ; oui, avoir dormi avec votre bébé ne l'empêche pas, une fois devenu bambin, de prendre des initiatives et de faire preuve d'indépendance. C'est donc le plus souvent dans l'après-coup que vous serez la plus efficace et la plus crédible.

La famille, les amis, les connaissances

Bien sûr, avec un bébé allaité de cette façon, vous allez sortir, voir vos amis, rencontrer des gens, bref avoir une vie sociale riche grâce à la liberté que donne la proximité mère-bébé. Tous ces regards auront une incidence sur votre assurance et peut-être même sur votre volonté et votre façon d'élever votre bébé.

Évitez les confrontations si vous n'avez pas de goût particulier pour les discussions tranchées. Vous saurez vite vous adapter à vos amis : avec certains il sera possible de parler librement de votre expérience du lit familial, avec d'autres vous resterez évasifs sur votre organisation nocturne, avec d'autres ces sujets ne seront tout simplement pas abordés. Reconnaissez les limites de votre entourage comme les vôtres, et composez avec.

C'est vrai qu'à partir d'un certain âge, un enfant peut attendre un peu pour téter, et comprendre que cela ne se fait pas n'importe où et n'importe quand.

---

19. Les visiteurs médicaux sont les représentants de l'industrie pharmaceutique qui font la promotion de produits auprès des médecins.

Sans en faire un acte interdit, ce que votre enfant pourrait ne pas comprendre, expliquer simplement qu'il existe des contraintes est possible dès que l'enfant comprend bien vos paroles, autour de deux ans.

expérience

Quand Marin a eu cet âge, je n'ai plus voulu l'allaiter à la Cabane Bambin, halte-jeux dont j'étais une accueillante. Je prévoyais donc toujours un paquet de biscuits quand il me demandait à téter (ce qui ne manquait pas, car il était souvent fatigué à ce moment de la journée).

N'attendez pas toujours de votre entourage une neutralité bienveillante parfaite. Il y aura toujours ceux qui en feront un peu trop et qui interviendront maladroitement dans ce que vous considérerez comme votre domaine ; et ceux qui vous paraîtront trop absents, jamais là quand vous en avez besoin. Croiser des regards qui nous heurtent est peut-être tout simplement inévitable quand on devient une mère. Mieux vaut apprendre à s'en accommoder.

Les médias

Les médias grand-public ne seront pas d'un grand secours pour les parents qui souhaitent élever leur bébé dans une grande proximité. C'est même plutôt le contraire : ils ne transmettent que des idées très banales sur le sommeil du bébé, censé dormir dans son lit et le plus tôt possible. Les conseils pratiques donnés sur l'allaitement sont le plus souvent incomplets : notamment, l'effet néfaste des biberons n'y est que rarement mentionné. Par contre vous trouverez facilement des livres intéressants sur l'allaitement (mais presque rien sur le sommeil partagé et le portage).

Quand ça ne va pas

Il arrive parfois que vous ne vous sentiez plus très sûre d'avoir fait les bons choix. Que le regard désapprobateur d'une partie de votre entourage vous pèse. Que vous vous inquiétiez pour votre bébé. Dans ces moments difficiles, recherchez un peu de soutien, rapprochez-vous de personnes que vous savez être acquises à vos idées, et maintenez les autres, trop critiques, à distance. Élever un enfant, c'est être définitivement du côté des adultes ; c'est prendre des décisions parfois difficiles, parfois à l'encontre de certains avis ; c'est être réellement responsable d'un être vivant, avec ce que cela comporte d'exaltant mais aussi de lourd. Cette responsabilité n'est pas toujours facile à vivre, quel que soit votre style de parentage. Donc ne remettez pas trop vite en question votre façon de faire : être proche les uns des autres, se préoccuper de son enfant, rester à son écoute, chercher à combler ses besoins, ne peut qu'apporter des bénéfices à votre famille.

L'essentiel de la gestion de vos relations

- *Ne négligez pas les aides pratiques : des amis qui proposent de vous inviter à dîner, une grand-mère qui veut bien faire un peu de ménage, votre compagnon qui fait tourner la lessive, … laissez-vous dorloter.*
- *Vivre dans une grande proximité avec son bébé est inhabituel dans notre société : le savoir vous permet de comprendre les réactions de votre entourage.*
- *Acceptez les désaccords avec votre famille, vos amis, les professionnels qui vous entourent. En tant que parents responsables, vous pouvez faire les choix qui vous semblent importants pour votre enfant.*
- *Protégez-vous, protégez votre famille : vous avez le droit de rester discrète.*

Votre bébé allaité au fil des mois

Voici résumées les ***principales étapes de développement*** de votre bébé, pour avoir, en un seul coup d'œil, les grandes lignes des premières années de votre enfant. Les tranches d'âge ne sont que des indications et j'ai pris soin de rester suffisamment large pour inclure une majorité de bébés. Il se peut tout à fait que votre enfant semble ne pas correspondre à ces cadres, et qu'il se porte tout à fait bien. Il se peut aussi que des bébés présentent certains traits s'éloignant franchement du comportement habituel ; ces écarts sont parfois identifiés comme des handicaps : qu'ils soient eux aussi les bienvenus, et me pardonnent cette simplification.

0 – 1 mois : atterrissage

Les semaines qui suivent la naissance d'un bébé (mais aussi d'une mère, d'un père, d'une famille) sont intenses. Premières tétées, premières caresses, premières nuits : en respectant les besoins fondamentaux de votre bébé, vous l'aiderez à s'adapter très facilement à son environnement. Mais parfois, l'intensité est source de tensions : entre vous et le père, entre les parents et la famille ; des inquiétudes surgissent, une responsabilité s'affirme. Le doute est normal, mais contempler votre bébé qui s'endort facilement dans vos bras vous redonnera très vite confiance. La nuit, vous voudrez peut-être encore changer sa couche, vous aurez peut-être besoin d'être attentive à sa position au sein (avec une petite lampe de poche, ce sera plus facile). Le jour, vous vous reposerez dès que possible avec le bébé à vos côtés.

1 mois – 3 mois : mise en orbite

L'allaitement est bien installé, le bébé tète avec une maîtrise qui s'accroît de jour en jour. La nuit, dans le noir complet, il trouve le sein presque tout seul et plus besoin de changer sa couche : oui, vous pouvez maintenant dire qu'il « fait ses nuits » (si cela rassure votre entourage). Certaines soirées peuvent être difficiles, quand le bébé pleure et semble inconsolable. Porter le bébé contre soi le plus souvent possible est un moyen efficace de le calmer. Chanter, bercer, allaiter… s'il fait bon, sortez prendre l'air avec le bébé. La maman est l'interlocuteur privilégié de son bébé, mais il y a tant à faire que cela laisse toute sa place au papa ou à d'autres adultes attentifs.

3 mois – 6 mois : allumage

Le bébé devient plus tonique, il lève la tête, observe avec attention son environnement, découvre tous les jours d'autres choses à contempler. Parfois il lâche le sein pour rire ou pour babiller vers son père. Par terre, il se redresse sur ses poings, commence à attraper ses pieds, votre revue favorite, la pelote de laine qui traîne, les clés de la voiture. Les pleurs inconsolables disparaissent, les soirées semblent plus calmes. Le bébé dort moins longtemps, certains même ne font que de très courtes siestes, surtout s'ils participent à la vie familiale. Ils s'endorment très facilement au sein dès qu'ils sont un peu fatigués et vous pouvez les emmener partout avec vous.

6 mois – 12 mois : moteur !

Les progrès moteurs sont rapides : ramper, s'asseoir, se lever, marcher à quatre pattes ; explorer, découvrir, mordre, sucer, attraper. Votre bébé s'intéresse de plus en plus aux autres personnes, rit en voyant son grand frère souffler les bougies d'un gâteau d'anniversaire, bat des mains quand il voit son père rentrer des courses, appelle et pleure quand on l'oublie un peu trop longtemps à son goût. Il se dirige tout seul vers son lit ou le vôtre quand il veut se coucher, soulève votre tee-shirt pour téter. Il commence à apprécier les fruits, les légumes, cherche à attraper votre assiette et son contenu. Et se tourne vers le sein dès qu'il est fatigué ou que le dîner tarde un peu. La nuit, il tète encore souvent, surtout si vous êtes séparée de lui dans la journée.

12 mois – 18 mois : premiers départs

À table, il compte vraiment maintenant : il lui faut son assiette comme un grand, et il sait ce qu'il aime et surtout ce qu'il n'aime pas. Il marche enfin tout seul, et adore partir avec son père acheter le pain. Au square, il grimpe sur les balançoires, il commence à interagir avec les enfants du quartier, il reconnaît la boulangerie (et la boîte de bonbons). Mais dès qu'il tombe, dès qu'il a sommeil, il se jette dans vos bras, réclame le sein et s'endort comme un ange.

18 mois – 2 ans : communication

« Maman, téter ». Ça y est, les premiers mots pour les choses les plus importantes. Il continue à explorer le monde, intrépide et aventurier. Au square, il s'amuse à se cacher, et il rit très fort quand vous faites semblant de le chercher. Mais vous ne faites pas toujours semblant : cet âge réclame une surveillance permanente tant les centres d'intérêts de votre bambin se multiplient : un ballon dans la rue, un chien, n'importe quoi. Heureusement, les câlins sont des moments de calme, et vous êtes étonnée de voir votre petite puce, qui il y a dix minutes remplaçait la cassette vidéo par une tartine de confiture, s'effondrer dans vos bras en tétant voluptueusement.

2 ans – 3 ans : le monde à découvrir

De vraies phrases, de grands discours : si les acquisitions du langage varient énormément d'un enfant à l'autre, tous apprennent à communiquer et à comprendre vos paroles. C'est donc aussi l'âge des premières frustrations contrôlées : « non, tu dois attendre pour téter », ou « je réponds au téléphone *puis* je te donne cette pomme ». Les interactions avec l'entourage s'affinent, il comprend mieux les autres, leurs besoins, et commence à s'identifier aux adultes qu'il rencontre. Mais ses besoins « primaires » restent encore très prégnants, et la proximité avec ses parents est toujours un élément dominant de sa vie quotidienne, et encore plus dans les moments difficiles (séparations, maladies).

3 ans – 6 ans : les années maternelles

Les questions arrivent : « Pourquoi la dame laisse pleurer son bébé ? Pourquoi le monsieur a un gros ventre ? ... ». L'ouverture au monde extérieur s'affirme avec les premiers pas à l'école, des apprentissages qui se structurent, des milieux qui se distinguent : l'école maternelle, c'est vraiment différent de la crèche et très différent de la maison. Au fil des années, la fonction « enseignante » de la maîtresse s'accentue. L'enfant sait de mieux en mieux identifier ses besoins, ses désirs, ses rejets. Il a ses premiers amis, ses premiers goûters d'anniversaire, ses premières séances au cinéma. Mais il a encore souvent besoin d'une proximité physique avec ses parents. Si certains commencent à apprécier, ou au moins accepter, de dormir dans leur propre chambre, d'autres attendront plus longtemps, ou reviendront le temps d'un cauchemar ou d'une grippe près de leurs parents. Ils sont souvent devenus des grands frères ou des grandes sœurs, avec un nouveau bébé dont les parents doivent prendre soin. Là aussi, c'est un apprentissage de la vie, des contraintes et des bénéfices de chaque situation et plus généralement de la mobilisation de ses ressources propres et individuelles qui leur permettent de s'organiser face aux événements.

Accompagner une mère et son bébé

Vous êtes un professionnel de santé ou de la petite enfance, et vous souhaitez accompagner les familles que vous rencontrez en favorisant la proximité corporelle parents-enfants. En dehors des aspects pratiques qui viennent d'être traités, il peut être utile de réfléchir à quelques points.

Intégrer son expérience personnelle à sa pratique professionnelle

Quelle que soit notre situation familiale, nous avons tous un vécu personnel qui nous amène à réagir par rapport à la relation mère-bébé. C'est d'abord en tant qu'enfant de nos parents que nous avons intégré des expériences sensorielles qui charpentent nos personnalités. C'est également parfois comme parents nous-mêmes que nous expérimentons de façon très intime la relation parents-enfant. Tout cet ensemble qui constitue notre histoire personnelle est inévitablement pris à partie quand nous accompagnons une mère, un père et leur enfant. Avoir une expérience personnelle d'une relation de proximité avec son propre enfant ou avec son propre parent, peut être une aide pour suivre une famille et favoriser chez elle une telle proximité. Mais elle n'est ni nécessaire, ni suffisante.

- Elle n'est pas nécessaire, car notre histoire personnelle peut s'expliquer par tant de facteurs intriqués et complexes, et nous pouvons évoluer de façon tellement rapide et tranchée dans nos conceptions, qu'il n'est pas rare de rencontrer des professionnels qui, bien que n'ayant pas dormi avec leur enfant ou ne les ayant pas allaités, trouvent important de soutenir de tels comportements chez leurs patients.
- Elle n'est pas suffisante également, car un professionnel se doit de conserver une certaine distance avec son patient, ainsi que de mettre en œuvre une formation professionnelle qui assure les familles d'un soutien efficace.

Travailler sur la relation patient-professionnel

Les professionnels de santé ou de la petite enfance jouent un rôle déterminant aujourd'hui dans la vie quotidienne des familles. Ils ont de ce fait un pouvoir qu'ils se doivent de reconnaître et de maîtriser, pour laisser les parents libres de leurs choix et responsables. Il est très tentant parfois de prendre leur place ou de démontrer son expertise en technicisant des actes parfois tout simples. Nous devons constamment canaliser ces tentations, en nous replaçant dans la position de celui qui aide, qui encourage, et non de celui qui fait. C'est ainsi par exemple qu'une consultation du nourrisson pourra se faire avec un bébé qui restera toujours en contact direct avec sa mère ou son père, tous les actes pouvant être pratiqués par ses parents, comme la pesée. C'est encore le cas d'un nouveau-né en bonne santé qui vient de naître, et qui restera contre le corps de sa mère aussi longtemps que celle-ci le souhaitera.

Nous avons tous une tendance naturelle au **jugement**, qui bien souvent est une chose tout à fait utile dans notre vie, ne serait-ce que pour évaluer des situations, et parfois prendre des décisions pour tenter de les modifier favorablement. Le jugement moral (« c'est bien », « c'est mal ») est également un élément constitutif de chaque être humain et nous permet de réfléchir et d'agir. Il peut cependant constituer un **frein** à la compréhension de l'autre, et même à l'efficacité d'une relation professionnel-patient, s'il n'est pas accompagné d'une réflexion organisée. C'est le cas devant ce qu'on pourrait appeler une maltraitance à l'enfant, par exemple quand les parents disent laisser pleurer leur bébé toute la nuit, pensant bien faire, ou tout simplement ne sachant pas comment faire autrement. Il est normal que face à ce type de comportement, une première réaction soit essentiellement de juger, parfois même de condamner. Il faut cependant réagir alors de façon professionnelle, c'est à dire utiliser le jugement pour évaluer la situation, et apporter un soutien pour une amélioration de celle-ci. Dans l'exemple qui est donné ci-dessus, le professionnel pourra :

- Évoquer les besoins du nourrisson, très différents de ceux des parents.
- Laisser ces derniers exprimer leurs sentiments (que ressentent-ils quand le bébé pleure ?).
- Les encourager à trouver d'autres solutions, en évoquant ce que d'autres parents ont trouvé commode à mettre en place.

Trouver des sources d'information pertinentes

Les informations que vous venez de lire dans ce livre ne sont pas souvent reprises dans les différents lieux de formation initiale ou continue, surtout en ce qui concerne le sommeil et le portage. D'autres sources d'informations pour professionnels devront alors être recherchées, vous pourrez en trouver plusieurs sur internet. Une source d'information pertinente, qui ne devrait pas être négligée, reste les parents eux-mêmes. Quand on a bien compris que l'échange d'expériences est un élément essentiel pour favoriser la relation intime mère-bébé, écouter tout simplement des mères et des pères témoigner peut constituer une grande source d'enrichissements professionnels. Il faut pour cela accepter de briser un temps la relation classique instaurée entre le professionnel et le particulier, mais ce travail lui-même peut s'avérer fort utile pour mieux appréhender la relation professionnel-patient.

Aider des parents en difficulté

Les parents qui se trouvent en difficulté (réelle ou supposée) avec leur enfant, ont besoin d'aide, même s'ils ne la demandent pas. Dans ces cas, la justesse de ton, le tact, la discrétion, sont encore plus importants que d'habitude. Le professionnel doit toujours évaluer soigneusement la situation après un examen clinique approfondi et un échange le plus complet possible avec les parents. Positiver au maximum les parents devrait rester un objectif essentiel : si le nouveau-né est peu souvent allaité par exemple, et ne reçoit pas assez de lait de sa mère, reconnaître à la mère tout le bénéfice d'avoir choisi de donner le sein est très important. Certains parents éprouvent de grandes difficultés à retrouver en eux la spontanéité qui chez d'autres s'exprime dès les premiers instants. Les modèles classiques imposés par notre société (le bébé doit faire ses nuits à 3 mois par exemple) constituent de nombreux verrous qu'il n'est pas toujours facile de faire sauter. Il faudra parfois se contenter de maigres changements, comme des parents qui accepteront l'idée de ne pas systématiquement laisser leur enfant pleurer la nuit quand il se réveille, ou une mère qui voudra bien porter de temps en temps son bébé. Là encore, il peut être utile de **s'appuyer sur un réseau de parents expérimentés**, pour permettre aux mères de trouver des repères « naturels ». Il arrive, surtout chez les parents en difficulté, que les professionnels soient perçus comme intrusifs, voire même comme un danger pour la famille. La confiance ne peut se gagner alors que petit à petit, avec un travail patient et collectif de tous les intervenants.

Trouver du soutien

Vous aurez certainement autour de vous des collègues qui n'adopteront ni les mêmes pratiques, ni ne partageront les mêmes convictions. Il arrivera alors que vous vous trouviez isolé, sans pouvoir compter sur une équipe solidaire du moins pour les questions relatives au maternage. Vous aurez besoin de trouver du soutien autour de vous, pour partager vos expériences et ne pas céder à la tentation de tout abandonner et de suivre le mouvement général. Il existe des associations de professionnels qui souhaitent favoriser l'allaitement maternel, et qui sont souvent intéressées par les questions de proximité corporelle. **Constituer un réseau local** peut également être une aide précieuse. Internet est une solution pour faciliter les échanges par boite électronique interposée.

Quelques idées forces

- *La proximité corporelle s'appuie sur le plaisir de l'odorat et du toucher. Ces sens sont en lien direct avec nos sensations et avec nos sentiments. Ils ancrent la relation mère-bébé à un niveau profond et intime des personnalités. La proximité corporelle est une pratique très simple à mettre en place car le bébé a la capacité innée de l'apprécier et de la renforcer. C'est pourquoi il apprend si vite à téter, à dormir contre sa mère (soit dans un lit, soit porté contre elle). Certaines mères ont du mal à se laisser aller et hésitent à profiter de cette intimité avec leur bébé. Elles peuvent tout de même profiter de certains moments de proximité (bain, portage le temps d'une promenade, moment de tendresse le matin au lit, ...).*
- *Le bébé a également la capacité innée d'explorer, de rentrer en relation avec les autres membres de la famille et d'interagir avec son environnement. Ces capacités se développent d'autant mieux qu'il se trouve en sécurité en présence d'une figure familière (ou dite « d'attachement »). De le même façon, les périodes de séparation sont d'autant mieux vécues que la proximité avec les personnes familières est facilitée quand cela est possible.*
- *Une mère a besoin de s'appuyer sur une « matrice de soutien » pour apprendre à s'occuper de son bébé. C'est essentiel pour allaiter longtemps, pour savoir comment porter son bébé, pour mettre en place toutes ces pratiques qui influencent profondément la relation mère-bébé. Dans notre société occidentale, il est parfois impossible de trouver ce soutien dans l'entourage immédiat de la mère. Il faudra alors chercher ailleurs des informations pratiques.*
- *L'ignorance, voire même l'hostilité, de nombreux professionnels de santé ou de la petite enfance, mais aussi de la famille, des amis, vis-à-vis de la proximité mère-bébé prolongée, est un obstacle dont il est préférable de prendre la juste mesure. Note société n'est pas actuellement favorable aux comportements associés à cette proximité : allaitement long, sommeil partagé sont considérés au mieux comme des excentricités exotiques, au pire comme des menaces pour le développement de l'enfant. Professionnels et parents qui souhaitent s'engager dans la voie de la proximité mère-bébé doivent chercher activement des informations et du soutien. Cette démarche volontaire est spécifique du maternage proximal occidental.*

Des études expérimentales, des recherches théoriques et pratiques sont encore nécessaires dans le domaine de la puériculture pour analyser favorablement les pratiques de soins de type proximal.

Conclusion

Je suis surprise de rencontrer autour de moi autant de mères frustrées : elles regrettent amèrement les années qui passent, voudraient avoir d'autres bébés mais se refusent à les faire, ou bien font un bébé après l'autre, pour retrouver à chaque fois le plaisir de la proximité avec un nourrisson, plaisir qu'elles ne s'autorisent que quelques semaines. En voulant sauter les étapes, nous ne réussissons qu'à rester insatisfaites, avec le sentiment d'avoir raté quelque chose sans trop savoir quoi. Profiter vraiment de chaque enfant, ne pas limiter la durée de l'allaitement, le temps des câlins, du portage, des nuits passées l'un contre l'autre, apporterait certainement plus de **sérénité**. Bien sûr, mettre un terme à cette proximité corporelle, voir son petit dernier s'envoler vers son propre nid est une étape inévitable et peut être un moment difficile. Mais l'obstacle sera plus aisément franchi si le **plein de proximité** a été auparavant fait. Au moins, il n'y aura pas de regrets à avoir.

Vivre à proximité de son bébé quand cela est possible, voilà tout simplement ce que font les mères depuis la nuit des temps. S'il est vrai que chez nous cette façon d'élever son bébé est souvent le fait de mères qui ont fait un choix, et qui volontairement s'écartent de la norme, ailleurs les mères dorment avec leur bébé parce que tout le monde fait comme ça. Il ne viendrait tout simplement à personne l'idée d'interdire l'accès au sein à un bébé, ou de l'envoyer à l'autre bout de la maison pour dormir. Quand la mère se sépare de son bébé, elle le fait non pas dans le but de l'éduquer, mais parce que c'est nécessaire pour travailler par exemple.

Comme chez nous, les mères qui restent avec leur bébé jour et nuit le font par choix, elles en attendent souvent beaucoup. Mais ce n'est là qu'un comportement des plus naturels, qui n'a peut-être pas toutes les vertus que nous en attendons. Il n'empêchera pas les parents d'éprouver des difficultés avec leurs enfants ; il n'interdira pas les incompréhensions passagères et les conflits ; il ne résoudra pas tous les problèmes de la vie courante. Rester modeste dans ses attentes permet d'éviter les déconvenues. Je pense que la proximité mère-bébé retrouvera toute sa place quand on détachera cette attitude des positions intellectuelles qui pour l'instant en font la promotion. En fait, rester à proximité de son bébé jour comme nuit est non seulement une manière très simple et pratique de s'occuper de son bébé, mais cela permet également à la mère de se consacrer à d'autres activités tout en satisfaisant les besoins primaires de son bébé. Écrire tout en allaitant, faire réviser une leçon à son aîné avec le petit dernier endormi contre elle, dîner avec son compagnon, son bambin assis par terre empilant les ronds de serviette : autant d'exemples que nous pourrions multiplier où la mère materne son bébé tout en ayant l'esprit libre pour d'autres activités. Le maternage proximal est une véritable « tâche de fond », pour utiliser un vocabulaire informatique à la mode : d'autres actions peuvent être effectuées en même temps, sans interférences, tout naturellement.

Mais pour retrouver la simplicité de ces gestes naturels, nous avons besoin, dans un premier temps, d'écrire des livres et de proposer des arguments. J'espère que ces lignes soutiendront les parents durant les premiers mois de leur bébé, et qu'ils prendront ensembles tout le **plaisir d'une proximité sans restriction**.

Des ressources supplémentaires

Livres

L'art de l'allaitement maternel, La Leche League.
L'allaitement maternel. La voie lactée, Claude Didierjean-Jouveau, éditions Jouvence, 2001.
Pour une parentalité sans violence, Claude Didierjean-Jouveau, éditions Jouvence, 2002.
Au sein du monde, Nathalie Roques, L'Harmattan, 2001.
Dormir avec son bébé, Nathalie Roques, L'Harmattan, 2002.
Allaitement maternel et proximité mère-bébé, Nathalie Roques, Érès, 2003.
Enfance indienne, Hélène Stork, Bayard, 1986.
Histoire d'allaiter, IPA, 2004.

En langue anglaise

The no-cry sleep solution, Elizabeth Pantley, Contemporary Books, 2002.
Book of Sleep, National Cildbirth Trust, Penny Hames, Thorsons, 1998.

Associations

La Leche League France, répondeur : 01 39 584 584
La Leche League Suisse Romande, http://romandie.stillberatung.ch
La Leche League Belgique, tél : 02/268.85.80
La Leche League Québec, www.allaitement.ca
Peau à peau, www.peau-a-peau.be
En France, les adresses des associations de soutien à l'allaitement se trouvent sur www.coordination-allaitement.org

Sites internet

www.info-allaitement.org
http://cododo. free. fr
http://maternage. free
www.lllfrance.org
Lactaliste, une liste de discussion très dynamique, permet aux mères d'échanger leurs expériences et quelques conseils pratiques (inscription sur www.lllfrance.org).

Pour les professionnels

- La Coordination française pour l'allaitement maternel a publié un document qui recense les ressources disponibles pour les professionnels de santé : sites internet, documents, formations, organisations nationales et internationales. Ce document est visible sur leur site internet et vendu par le CERDAM (ci-dessous).

- Le Centre ressource documentaire pour l'allaitement maternel (CERDAM) propose un accès facilité aux documents disponibles sur l'allaitement maternel. Ces documents sont des thèses, des mémoires, des articles scientifiques, des livres, des cassettes vidéo, des rapports, des périodiques, etc., en langue française et en langue anglaise. Ils peuvent être consultés sur place, empruntés ; des dossiers documentaires thématiques peuvent également être constitués à la demande.
  Le CERDAM édite également des documents (rapports, dépliants, brochures) en direction de nombreux publics (familles, professionnels, étudiants, ...), anime un site internet, et vend de nombreux documents publiés par l'OMS, l'ANAES, La Leche League, etc.

  Vous trouverez de nombreuses informations sur le fonctionnement du CERDAM sur le site internet ci-dessous.

CERDAM
16 rue SULLY, 69006 LYON
tél/fax : 04 78 42 09 16
mail : cerdam@info-allaitement.org
www.info-allaitement/org/CERDAM/index.htm

Pour envoyer vos commentaires et témoignages, vous pouvez envoyer un message à l'adresse : cerdam@info.allaitement.org